웅진주니어

정약용 선생님 다산천자문 2

초판 1쇄 발행 2008년 11월 18일
초판 14쇄 발행 2023년 6월 7일

글쓴이 이덕일
그린이 김선배
발행인 이재진
도서개발실장 안경숙
편집인 이화정

편집 윤은희, 길유진
디자인 AGI 이인영, 박나래
마케팅 정지운, 박현아, 원숙영, 신희용, 박소현, 김지윤
제작 신홍섭

펴낸곳 (주)웅진씽크빅
주소 경기도 파주시 회동길 20 (우)10881
문의전화 031)956-7403(편집), 031)956-7088, 7569(마케팅)
홈페이지 www.wjjunior.co.kr 블로그 blog.naver.com/wj_junior
페이스북 facebooks.com/wjbook 트위터 @wjbooks 인스타그램 @woongjin_junior
출판신고 1980년 3월 29일 제406-2007-00046호 제조국 대한민국

ⓒ이덕일 2008(저작권자와 맺은 특약에 따라 검인을 생략합니다.)
ISBN 978-89-01-08691-0 74710 · 978-89-01-06138-2 (세트)

웅진주니어는 (주)웅진씽크빅의 유아·아동·청소년 도서 브랜드입니다.
이 책은 저작권법에 따라 보호받는 저작물이므로 무단전재와 무단복제를 금지하며
이 책 내용의 전부 또는 일부를 이용하려면 반드시 저작권자와 (주)웅진씽크빅의 서면동의를 받아야 합니다.

잘못 만들어진 책은 바꾸어 드립니다.
※주의 1_책 모서리가 날카로워 다칠 수 있으니 사람을 향해 던지거나 떨어뜨리지 마십시오.
       2_보관 시 직사광선이나 습기 찬 곳은 피해 주십시오.
웅진주니어는 환경을 위해 콩기름 잉크를 사용합니다.

정약용 선생님

다산 천자문

사람의 도리와 사회생활

②

글 이덕일 | 그림 김선배

웅진주니어

차례

차례	4
『다산천자문』교실에 여러분을 초대합니다	6
이렇게 공부하세요	8

1장 우리가 추구해야 할 도리에 대한 한자   10
    번쩍 한자 이야기 – 정약용 선생님의 가족들   26

2장 시간과 장소에 대한 한자   28
    깔깔 한자 이야기 – 파자점(破字占) 이야기   54

3장 감각을 표현하는 한자   56
    번쩍 한자 이야기 – 임금의 묘호(廟號)   70

4장 감정을 나타내는 한자   72
    번쩍 한자 이야기 – 목민관 정약용 선생님   90

5장 움직임을 표현하는 한자	92
번쩍 한자 이야기 –『조선왕조실록』이야기	114
6장 사람과 사람 사이를 뜻하는 한자	116
쏙쏙 한자 교실 – 우리나라 사자성어(四字成語) 1	136
7장 사회생활을 표현하는 한자	138
쏙쏙 한자 교실 – 우리나라 사자성어(四字成語) 2	162
찾아보기	164
자료제공	168

『다산천자문』 교실에 여러분을 초대합니다.

어린 시절 『천자문(千字文)』을 외우려다가 실패한 적이 있습니다. 나뿐 아니라 많은 사람들이 그랬더군요. 천자문 외우기가 왜 그렇게 어려웠을까요? 그 이유는 잘 모르고 있었습니다. 그러던 중 『정약용과 그의 형제들』이라는 책을 쓰다가 정약용 선생님이 만들어 놓으신 『천자문』을 보게 되었습니다. 그때 나는 깨달았습니다. 왜 천자문 외우기에 실패했는지…….

'하늘 천(天), 따 지(地), 검을 현(玄), 누루 황(黃)'으로 시작하는 『천자문』은 약 1400년 전, 중국의 '주흥사'라는 사람이 만든 것입니다. 그분은 하룻밤 사이에 『천자문』을 만들고는 머리가 하얗게 새 버렸다고 합니다.

정약용 선생님은 중국의 『천자문』이 서로 뜻이 통하지 않는 글자들을 모아 놓았다고 불평하셨습니다. '하늘(天)과 땅(地)'을 배우다가 갑자기 '검다(玄)와 누렇다(黃)'라는 글자가 나오는데, 관련이 없는 글자들이라는 말씀이지요. 그래서 정약용 선생님은 서로 관련이 있는 글자들끼리 모아서 새로운 『천자문』을 만드신 것입니다. 예를 들면 '귀 이(耳), 눈 목(目), 입 구(口), 코 비(鼻)'를 함께 묶어 익히면 쉽게 외울

수 있다는 원리지요.

　저는 정약용 선생님께서 지으신 『천자문』을 보고 무릎을 쳤습니다. 그간 한문을 배우려면 어떤 책이 좋으냐는 질문을 많이 받았지만 제대로 답변하지 못하던 터였습니다. 옛날 『천자문』은 어린아이에게 너무 어렵고 현재 잘 사용하지 않는 글자도 적지 않기 때문이지요. 물론 정약용 선생님의 『천자문』도 만들어진 지 200년이 되었기 때문에 오늘날 현실과 맞지 않는 글자들도 적지 않지요. 제가 그런 글자들을 다듬어 『다산천자문』을 새롭게 만들었습니다.

　한자는 단순히 중국 글자가 아니라 우리 선조들이 수천 년 동안 사용했던 우리의 글자이기도 합니다. 한자만 알면 중국뿐 아니라 아시아 여러 나라들을 쉽게 여행할 수 있지요. 우리 다 같이 정약용 선생님과 저 그리고 출판사의 여러 선생님들이 정성 들여 만든 『다산천자문』으로 열심히 공부해서 한문 박사가 되어 봅시다!

　　　　　　　　　　　한강이 내려다보이는 공부방에서　　　이덕일 씀

이렇게 공부하세요

❶ 정약용 선생님께서 한자를 4글자씩 묶어 놓으셨습니다. 이 중 일부 묶음은 어려운 한자를 빼고 이덕일 선생님께서 새로 묶으셨지요. 우선 4글자의 음을 크게 소리 내어 3번 읽어 보세요.

❷ 뜻이 서로 통하는 글자끼리 묶여 있습니다. 뜻만 떼어 내어 읽어도 4글자가 쉽게 떠오르지요. 뜻을 소리내어 3번 읽어 보세요.

❸ 이덕일 선생님께서 글자 형성에 얽힌 이야기와 4글자가 담고 있는 역사, 문화 관련 이야기들을 알려 줍니다. 내용을 재미있게 읽다 보면 4글자를 쉽게 이해할 수 있습니다.

❶ 尊_존 卑_비 貴_귀 賤_천

❷ **존**귀함과 비천함
그리고
귀함과 천함

❸ 존비(尊卑)는 '높을 존(尊)' 자와 '낮을 비(卑)' 자가 합쳐진 단어입니다. 지금은 사람 사이에 높고(尊) 낮음(卑)이 없지만 옛날에는 신분에 따라 높고 낮음이 있었습니다. 존(尊) 자는 보통 상대방을 높이는 의미로 사용합니다. 사람을 존경하는 뜻으로 높여 부르는 것을 존칭(尊稱)이라고 하지요. 존(尊) 자는 원래 종이 주인에게 공손히 술을 따르는 술잔을 뜻했습니다.

❹  尊

귀천(貴賤)도 마찬가지로 '귀할 귀(貴)' 자와 '천할 천(賤)' 자입니다.

122

❹ 각 글자의 고문자입니다. 갑골문에서 시작하여 금문, 전서 등 시대별 글자들이 나옵니다. 오늘날 글자의 모습과 꼭 닮았지요.

❻ 각 한자에 대해 더 깊이 이해할 수 있도록 여러 가지 정보를 알려 줍니다. 말 그대로 책 안의 작은 사전입니다.

옛날의 귀한 신분을 귀족(貴族)이라고 했습니다. 귀족과 달리 아주 낮은 신분의 사람들을 천민(賤民)이라고 합니다. 존비와 귀천도 함께 외우면 쉽게 익힐 수 있는 글자들입니다.

지금도 일본(日本)에는 부락(部落)이라 불리는 사람들이 천인(賤人) 취급을 받고 있고, 인도(印度)에는 불가촉천민(不可觸賤民)이라 불리는 천인들이 있습니다. 아주 잘못된 일이지요.

❻

尊 높을 존
寸(마디촌), 총 12획, 4급
尊敬 존경 : 남의 인격, 행동 등을 높이 받들어 공경함.
自尊心 자존심 : 자신의 품위를 높이 지키는 마음.

卑 낮을 비
十(열십), 총 8획, 3급
卑俗 비속 : 낮고 속됨.
男尊女卑 : 남자를 여자보다 우대하고 존중함. (예) 남존여비(男尊女卑) 사상은 가라!

貴 귀할 귀
貝(조개패), 총 12획, 5급
貴公子 귀공자 : 귀한 집 젊은 아들.
貴賓 귀빈 : 귀한 손님.

賤 천할 천
貝(조개패), 총 15획, 3급
賤待 천대 : 천하게 여겨 푸대접함.
賤視 천시 : 업신여겨 낮게 봄.
(예) 옛날에는 광대를 천시(賤視)하였다.

대표적인 뜻과 음을 익힙니다.
한 글자가 여러 음을 가진 경우와 글자의 소리가 단어 앞머리에서 달라지는 경우는 모두 소리를 밝혔습니다.

사전에서 글자를 찾을 때 꼭 필요한 부수, 총 획수를 밝혔습니다. 또 한자 급수를 밝혀 체계적인 한자 공부에 도움이 될 수 있도록 하였습니다.

각 글자가 들어간 낱말과 그 뜻을 보여 줍니다. 간혹 이해하기 어려운 낱말은 예를 들어 보여 줍니다.

❺

안악 3호분에 그려진 고구려 벽화(일부)예요. 가운데 주인으로 보이는 사람은 크게 그려져 있고 옆의 사람들은 작게 그려져 있죠?

❺ 내용과 관련된 사진이 나옵니다. 내용을 좀 더 쉽게 이해할 수 있도록 사진 설명을 덧붙였습니다.

1장

우리가 추구해야 할 도리에 대한 한자

여러분은 하루하루를 어떻게 살고 있나요?
가족과 친구, 이웃과 함께 즐겁게 살아가기 위해
늘 마음속에 담아 두고 실천해야 할 도리에 대해 알아보아요.

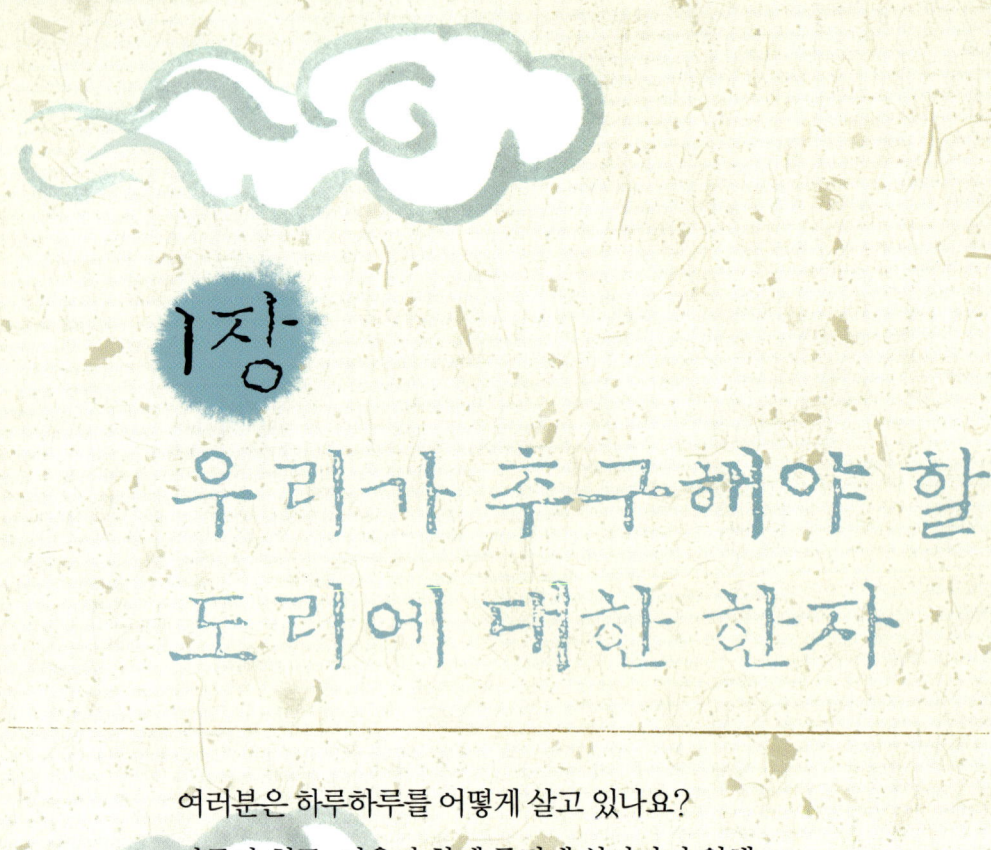

仁인 義의 禮예 智지

어질고 옳음
그리고
예의와 슬기

인의예지(仁義禮智)는 유학(儒學) 윤리의 가장 중심이 되는 네 가지 덕목(德目)입니다. 흔히 '네 가지 덕'이란 뜻에서 사덕(四德)이라고 부르지요. 정약용 선생님은 '어질 인(仁)' 자를 사람(人)과 사람(人)이 포개진 글자라고 보았습니다. 사람과 사람 사이의 관계를 나타낸다고 생각한 것입니다. 인(仁) 자는 '불쌍하게 여기는 마음'을 뜻합니다. 자기보다 약한 사람을 불쌍하게 여기는 마음이지요. '옳을 의(義)' 자에는 옳은 것을 보고도 실천하지 못하면 부끄러워해야 한다는 뜻이 담겨 있습니다. 그래서 '옳을 의(義)' 자의 의미는 '부끄럽게 여기는 마음'입니다.

'예도 예(禮)' 자는 '사양하는 마음'을 뜻합니다. 좋은 것을 보면 갖고 싶은 마음이 생기지만, 이를 참고 사양하는 것이 예의란 의미입니다. '슬기 지(智)' 자는 '시비(是非)를 가리는 마음'입니다. 옳은 것과 그른 것을 구별하는 것이 슬기라는 말이지요. 사덕(四德)은 평생 마음에 담아 둬야 할 구절이니 조금 어렵더라도 반드시 외우는 것이 좋습니다.

仁 어질, 어진이 인
亻(人)(사람인), 총 4획, 4급
仁慈 인자 : 마음이 어질고 자애로움. (예) 어머니의 인자(仁慈)한 음성.
殺身成仁 살신성인 : 자기 몸을 희생하여 인(仁)을 이룸.

義 옳을, 맺을 의
羊(양양), 총 13획, 4급
義兵 의병 : 옳음을 지키기 위해 일어난 군사.
義絶 의절 : ① 맺었던 의를 끊음. ② 맺었던 관계를 끊음. (예) 친구와 의절(義絶)하다.

禮 예도 례(예)
示(보일시), 총 18획, 6급
禮樂 예악 : 신중하게 행동하는 예의와 마음을 온화하게 하는 음악.
祭禮 제례 : 제사를 지내는 예법이나 예절.

智 슬기 지
日(날일), 총 12획, 4급
智略 지략 : 올바른 대책을 세우는 슬기와 계략.
智能 지능 : 문제를 이해하고 해결하는 능력.

孝悌忠信
효 제 충 신

효도와 우애
그리고
충성과 믿음

사람은 집에 들어오면 부모님께 효(孝)를 다해야 합니다. '효도 효(孝)' 자는 자식(子)이 나이 많은 부모님(老)을 모시고 사는 것을 표현한 글자입니다. '공경할 제(悌)' 자는 밖에 나가서 사람을 만날 때 공손해야 한다는 뜻입니다. 효제(孝悌)는 앞에서 배운 인(仁)을 실천하는 구체적인 방법입니다. 집에서는 부모님께 효도하고, 밖에서는 사람들을 공경하는 사람이 인자(仁者)라는 뜻이지요.

'충성 충(忠)' 자는 '가운데 중(中)'과 '마음 심(心)'의 합자(合字)입니다. 인간의 마음 한가운데는 충성스러워야 한다는 뜻입니다. 신(信)은 '사람 인(人)'과 '말씀 언(言)'의 합자(合字)입니다. 사람은 말한 대로 실천해야 믿음이 생긴다는 뜻이지요. 말만 많고 실천하지 않는 사람에게 믿음이 생길 리 없으니까요.

우리 조상들은 부모님께 대한 효(孝)와 나라에 대한 충(忠) 중에서 어느 것을 더 중요하게 생각했을까요? 둘 다 중요하지만 효(孝)가 더 중요하다고 여겼습니다. 그래서 '효자(孝子) 집안에서 충신(忠臣) 난다'는 말이 있었던 것이지요.

70세의 아들이 90세의 부모님을 즐겁게 해 드리려고 일부러 넘어진다는 내용의 「효행고사도」예요.

孝 효도 **효**
子(아들자), 총 7획, 7급
孝行 효행 : 부모를 정성으로 섬기는 행실.
孝者德之本 효자덕지본 : 효도는 도덕의 근본임.

悌 공경할 **제**
忄(心)(심방변), 총 10획, 1급
悌友 제우 : 형제 또는 부부 사이에 우애가 있거나 의가 좋음.
仁悌 인제 : 어질고 공손함.

忠 충성, 충성스러움 **충**
心(마음심), 총 8획, 4급
忠臣 충신 : 나라를 위하여 충성을 다하는 신하.
忠告 충고 : 남의 결함이나 잘못을 정성스럽게 타이름.
(예) 누나의 충고(忠告)를 따르다.

信 믿을 **신**
亻(人)(사람인), 총 9획, 6급
信用 신용 : 믿고 씀. 사람이나 사물이 틀림없다고 믿어 의심하지 않음.
不信 불신 : 믿지 않음.

慈_자 良_량 和_화 睦_목

사랑함과 어짊
그리고
화목함

'자애로울 자(慈)' 자는 주로 윗사람이 아랫사람을 사랑할 때 쓰는 말로서 어머니를 뜻하기도 합니다. 아버지를 뜻하는 글자는 '엄할 엄(嚴)' 자입니다. 어머니는 자애롭고, 아버지는 엄하다는 뜻이지요. 옛날 아버지들은 무척 엄했습니다. 물론 속으로는 사랑하셨지만 겉으로 엄하게 대하신 것이지요. 그래야 자식들이 밖에 나가서 예의를 알게 된다고 생각하셨던 것입니다. 량(良) 자는 어질다, 좋다는 뜻입니다. 왜 량(良) 자가 어질다는 뜻이 되었을까요? 량(良) 자는 원래 '양식 량(粮)' 자와 같은 글자였습니다. 양식을 나누어 주는 것을 어질다고 생각한 것이지요. 또 곡식에서 좋은 것만 골라내는 기구를 나타내기도 합니다. 좋은 것만 골라내니까 좋다, 어질다는 뜻이 생긴 것이지요.

'화목할 화(和)' 자는 '벼 화(禾)' 자와 '입 구(口)' 자의 합자(合字)입니다. 옛날 대가족이 함께 모여 밥을 먹는 것을 화목하다고 생각했던 것입니다. '화목할 화(和)' 자는 '입 구(口)' 자가 부수지만 '화목할 목(睦)' 자는 '눈 목(目)' 자가 부수입니다. 가족이 모두 모여서 밥을 먹으며 사이 좋은 눈길로 서로 바라보는 것을 화목하다고 한 것입니다.

慈 자애로울 자
心(마음심), 총 13획, 3급
慈悲 자비 : 남을 사랑하고 가엾게 여김.
慈堂 자당 : 남의 어머니를 높여 이르는 말. (예) 자네 자당(慈堂)께서는 별고 없으신가?

良 어질, 좋을 량(양)
艮(머무를간), 총 7획, 5급
良順 양순 : 어질고 순함.
優良 우량 : 물건의 품질이나 상태가 뛰어나고 좋음.

和 화할, 화목할 화
口(입구), 총 8획, 6급
同和 동화 : 성질이 다르던 것이 같게 됨. (예) 주변 사람들과 동화(同化)되다.
和合 화합 : 화목하게 어울림.

睦 화목할 목
目(눈목), 총 13획, 3급
親睦 친목 : 서로 친하여 화목함.
和睦 화목 : 서로 뜻이 맞고 정다움.

是_시 非_비 善_선 惡_악

옳고 그름
그리고
착하고 악함

'옳을 시(是)' 자는 말을 바르게 해야 한다는 뜻의 글자입니다. '아닐 비(非)' 자는 갑골문(甲骨文)에서 새가 한 쌍의 날개를 양쪽으로 펼치고 있는 모습으로 그려져 있습니다. 서로 반대 방향으로 펼쳐져 있으니 아니라는 뜻이지요.

非　非　非

'착할 선(善)' 자는 양(羊)을 뜻하는 글자와 말(言)을 뜻하는 글자가 합쳐져서 만들어졌습니다. 그래서 '착할 선(善)' 자는 순한 양이라는 표현처럼 착한 말, 좋은 말이라는 뜻이 있지요. 반대로 '악할 악(惡)' 자는 나쁜 말을 뜻합니다. 또 미워하다라는 의미도 있습니다. 이때는 '악'이 아니라 '오'라고 읽습니다. 시비(是非)와 선악(善惡)은 모두 반대되는 글자를 모아 놓은 단어입니다.

옛 사람들은 악한 일을 하면 하늘로부터 벌을 받는다고 생각했습니다. 그래서 심지어는 임금님도 나라를 잘 다스리지 못하면 하늘의 벌을 받는다고 생각해서 백성을 위해 착한 정치를 하려고 노력했답니다.

是 옳을 **시**
日(날일), 총 9획, 4급
是認 시인 : 어떤 내용이나 사실이 옳다고 인정함.
(예) 문제점을 시인(是認)하다.
是日 시일 : 이날.

非 아닐 **비**
非(아닐비), 총 8획, 4급
非公式 비공식 : 공식이 아님.
(예) 비공식(非公式) 회담이 진행되었다.
是是非非 시시비비 : 옳은 걸 옳다 하고 그른 걸 그르다고 함.

善 착할 **선**
口(입구), 총 12획, 5급
善行 선행 : 착한 행실.
改善 개선 : 잘못된 것을 고쳐 더 좋게 만듦.

惡 악할 **악** / 미워할 **오**
心(마음심), 총 12획, 5급
惡習 악습 : ① 못된 버릇. ② 나쁜 풍습.
嫌惡 혐오 : 싫어하고 미워함.

富貧吉凶
부 빈 길 흉

부유하고 가난함
그리고
길하고 흉함

'부자 부(富)' 자는 '집 면(宀)' 자와 아랫부분으로 이루어져 있는데, 아랫부분은 술이 많다는 의미입니다. 옛날에는 집안에 술이 많으면 잘 사는 집으로 생각했습니다. '가난할 빈(貧)' 자는 '조개 패(貝)' 자와 '나눌 분(分)' 자가 합쳐진 글자입니다. 돈을 나눈다는 뜻입니다. 얼마 안 되는 돈을 나누어야 하니 가난할 수밖에 없지요. '조개 패(貝)' 자는 돈을 뜻하기 때문에 패(貝) 자가 부수로 사용되는 글자는 돈과 관련이 있다고 생각하면 됩니다.

길흉(吉凶)은 모두 제사와 관련이

있는 글자입니다. '길할 길(吉)' 자 중에 '입 구(口)' 자는 제사 지내는 그릇을 뜻하고, '선비 사(士)' 자는 가득 담긴 음식을 뜻합니다. 음식을 가득 차려 놓고 제사를 지냈으니 길하다는 뜻이지요. '흉할 흉(凶)' 자의 凵 자는 '위 터진 그릇 감(凵)' 자입니다. 위 터진 그릇에 X 자가 들어가 있으면 제사 음식이 끓었다는 뜻이니, 신이나 조상들이 복을 내려줄 리가 없지요. 그래서 흉(凶)하다고 하는 것입니다.

富 부자, 넉넉할 부
宀(갓머리), 총 12획, 4급
富益富 부익부 : 부자는 더욱 부자가 됨. (반) 빈익빈(貧益貧).
富强 부강 : 나라 살림이 넉넉하고 군사가 강함.

貧 가난할, 모자랄 빈
貝(조개패), 총 11획, 4급
貧困 빈곤 : 가난하여 살기 어려움.
貧血 빈혈 : 몸 안의 피가 모자라는 병.

吉 길할, 좋을 길
口(입구), 총 6획, 5급
吉夢 길몽 : 길한 징조의 꿈. (예) 돼지가 집 안으로 들어오는 길몽(吉夢)을 꾸었다.
立春大吉 입춘대길 : 봄을 맞아 크게 길함. 대문 등에 붙여 한 해의 행운을 기원함.

凶 흉할 흉
凵(위 터진 그릇 감), 총 4획, 4급
凶年 흉년 : 농사가 잘 되지 않은 흉한 해.
凶兆 흉조 : 흉할 조짐. (반) 길조(吉兆).

聖賢先哲
성 현 선 철

성인과 현인
그리고
옛 철인

성현(聖賢)은 성인(聖人)과 현인(賢人)이란 뜻으로 현명한 사람을 말합니다. 그런데 '성인 성(聖)' 자는 아주 재미있는 글자입니다. '귀 이(耳)' 자와 '입 구(口)' 자와 '아홉째 천간 임(壬)' 자가 어우러지는데, 여기서 임(壬) 자는 옆에서 볼 때 서 있는 사람 모양을 나타냅니다. 이 세 글자를 합치면 남의 말을 귀담아 듣는 사람의 모습이 되지요. 이런 사람이 똑똑한 사람이란 뜻입니다. 현(賢) 자는 어질다는 뜻입니다. 공자(孔子)나 맹자(孟子)같은 분들을 성현이라고 합니다.

'먼저 선(先)' 자를 살펴볼까요. 이 글자의 아랫부분은

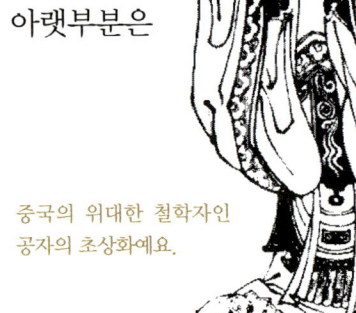

중국의 위대한 철학자인
공자의 초상화예요.

聖 성인, 성스러울 **성**
耳(귀이), 총 13획, 4급
聖君 성군 : 어질고 덕이 뛰어난 임금.
聖人 성인 : 지혜와 덕이 매우 뛰어나 길이 우러러 본받을 만한 사람.

賢 어질, 어진이 **현**
貝(조개패), 총 15획, 4급
賢明 현명 : 어질고 밝음.
(예) 현명(賢明)한 선택이었다.
先賢 선현 : 옛날에 살았던 어질고 사리에 밝은 사람.

先 먼저, 앞선 **선**
儿(어진사람인발), 총 6획, 8급
先花後果 : 꽃이 먼저 피고 뒤에 열매를 맺는다. 딸을 낳은 뒤 아들을 낳는다는 뜻.
先輩 선배 : 학식이나 관직, 또는 나이가 앞선 사람.

哲 밝을 **철**
口(입구), 총 10획, 3급
哲理 철리 : ① 밝은 이치.
② 철학상의 이치.
名哲 명철 : 뛰어난 철학자.
(예)소크라테스는 고대 그리스의 명철(名哲)이다.

'사람 인(儿)' 자가 변형된 것인데, 걷는 사람을 뜻합니다. 남보다 앞서 걷는 사람이라는 뜻에서 먼저라는 의미가 생긴 것이지요. '밝을 철(哲)' 자는 '꺾을 절(折)' 자와 '입 구(口)' 자가 합쳐진 글자입니다. 여기서 구(口) 자는 말이란 의미로 사용됩니다. 다른 사람의 말을 꺾을 만큼 밝은 사람이란 뜻이지요. 선철(先哲)은 앞서 생존했던 훌륭한 철학자를 의미합니다.

우리나라 경상도 지방에서 발견된 『논어』가 쓰여져 있는 죽간이에요.

英영 雄웅 豪호 傑걸

영웅
그리고
호걸

여러분 마음속의 영웅(英雄)은 누구인가요? 이순신 장군! 세종대왕! 선덕여왕! 모두 우리 역사 속에 등장하는 훌륭한 분들이지요.

영웅은 '꽃부리 영(英)' 자와 '수컷 웅(雄)' 자인데 여기서 '꽃부리'는 무엇을 뜻할까요? 꽃부리는 한 송이 꽃의 꽃잎 전체를 이르는 말로, 식물의 다른 어떤 부분보다도 아름답기 때문에 뛰어나다는 뜻이 생겼습니다. 웅(雄)은 수컷이란 뜻으로 싸움에서 이긴 수컷을 말합니다. 예전에는 남성들이 주로 전쟁에 나가 싸웠기 때문에 싸움에서 이긴 남성을 영웅이라고 불렀지요. 하지만 지금은 각계각층에서 활약하는 여성 영웅

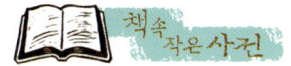

英 꽃부리, 뛰어날 **영**
⺿(艸)(초두), 총 9획, 6급
英雄 영웅 : 재능과 담력이 뛰어난 사람.
英照 영조 : 물에 비친 꽃의 아름다운 모습.

雄 수컷, 이길 **웅**
隹(새추), 총 12획, 5급
雄飛 웅비 : 굳세게 날아감. 즉, 기운차고 굳세게 활동함.
(예) 세계로 웅비(雄飛)하자!
雄壯 웅장 : 씩씩하고 굳셈.

豪 호걸 **호**
豕(돼지시), 총 14획, 3급
豪傑 호걸 : 지혜와 용기가 뛰어나고 기개와 풍모가 있는 사람.
豪華 호화 : 사치스럽고 화려함.

傑 뛰어날 **걸**
亻(人)(사람인), 총 12획, 4급
傑出 걸출 : 남보다 훨씬 뛰어남. 또는 그런 사람.
(예) 이 시대의 걸출(傑出)한 학자.
女傑 여걸 : 용기가 뛰어나고 기개와 풍모가 있는 여자.

들이 아주 많습니다.

'호걸 호(豪)' 자는 '돼지 시(豕)' 자 위에 '높을 고(高)' 자가 변형되어 합쳐진 글자로, 원래는 큰 돼지란 뜻입니다. 큰 돼지라는 의미가 뛰어난 사람이라는 뜻으로 변한 것입니다. '뛰어날 걸(傑)' 자는 높은 나무 위에 서 있는 사람을 의미합니다. 나무 위에 높이 서 있으니 뛰어나 보이지요.

정약용 선생님의 가족들

우리 역사상 정약용 선생님의 가족(家族)들처럼 파란만장한 사연을 갖고 있는 일가(一家)를 찾기도 어려울 것입니다. 정약용의 아버지인 정재원(丁載遠) 선생님은 첫째 부인이 돌아가신 후 새로 얻은 부인 해남 윤씨에게서 정약용 3형제와 딸 한 명을 낳았습니다. 정약전(丁若銓:1758~1816), 정약종(丁若鍾:1760~1801), 정약용(1762~1836) 선생님과 누이입니다.

큰형 약전과 막내 약용은 과거에 급제했지만, 둘째 약종은 천주교를 받아들인 후 과거를 포기하고 신앙인으로 살기로 결심합니다. 당시 조선에는 스스로 천주교를 믿고 연구하는 조직이 있었는데, 약종은 물론 약전과 약용도 모두 이 조직의 일원이었습니다. 정약종은 한자(漢字)를 모르는 평민 교우들을 위해 최초의 한글 천주교 교리서『주교요지(主敎要旨)』를 씁니다. 한문은 진서(眞書)

정약종이 쓴『주교요지』와 당시 천주교를 믿던 사람들이 갖고 있던 십자가예요.

라고 부르고 한글은 상말이라는 뜻의 언문(諺文)이라고 부르던 시절에 평민들을 위해 한글로 천주교 교리서를 썼다는 점에서 이 집안의 남다른 평등사상을 엿볼 수 있습니다.

정약용의 누이는 이승훈(李承薰:1756~1801)과 혼인하는데, 이승훈은 정조 7년(1783) 동지사 겸 사은사의 서장관(書狀官)으로 북경에 가게 됩니다. 이때 북당(北堂:북천주당)의 그라몽 신부에게 영세를 받고 돌아와 한국 역사상 최초로 천주교 영세인이 되는 영예를 누리지요. 그라몽 신부는 선교사를 보낸 적이 없는 조선에서 온 청년이 천주교에 대한 해박한 지식을 갖고 있을 뿐만 아니라 영세 받기를 자처하자 깜짝 놀랍다고 합니다.

이런 와중에 정조대왕이 재위 24년(1800)만에 세상을 떠나고 미성년의 아들 순조가 즉위하자, 정조의 정적이었던 정순왕후가 수렴청정을 하게 됩니다. 이듬해 정순왕후는 천주교도를 역적으로 다스린다는 교서(教書)를 내리고, 이로써 정약용 일가는 이 비극의 한복판에 서게 되었습니다. 정약종과 이승훈은 순조 1년(1801) 사형당하고, 천주교를 버렸던 정약전과 약용은 겨우 사형을 면한 채 신지도와 경상도 장기로 귀양을 가게 됩니다.

그러나 조카사위인 황사영(黃嗣永:1775~1801)이 체포됨으로써 두 형제는 다시 서울로 끌려와 심문을 받습니다. 신동으로 불리던 황사영은 천주교 박해가 시작되자 충청도 배론의 토굴에 숨어서 흰 비단에 깨알 같은 글씨를 써서 북경의 천주교 주교에게 전달해 도움을 요청하려 합니다. 이 편지가 현재 로마교황청 박물관에 보관되어 있는 유명한 「황사영 백서(帛書)」입니다. 서울로 끌려온 정약전 · 약용 형제는 황사영과 교류한 흔적이 나타나지 않아 다시 흑산도와 전라도 강진으로 유배되고 황사영은 사형당합니다.

이렇게 정약용 선생님의 형제들과 자형, 조카사위는 모두 사형과 귀양으로 점철된 불행한 삶을 살았지만, 이분들이 이룬 학문은 아직도 우리에게 큰 의미로 전해지고 있습니다.

2장

시간과 장소에 대한 한자

계절과 시간, 방향을 한자로 어떻게 쓸까요?
밤-낮, 오늘-내일, 동쪽-서쪽, 앞-뒤 등
우리나라와 중국, 일본과 같은 한자 문화권에서
실생활에 요긴하게 쓰이는 한자들을 배워 보세요.

春春 夏하 秋추 冬동

봄, 여름 그리고 가을, 겨울

춘하추동(春夏秋冬)은 봄·여름·가을·겨울이란 뜻입니다. 여러분은 어느 계절이 가장 좋으세요? 나무에 새순이 돋는 봄(春)을 좋아하는 사람도 있고, 바다에서 해수욕을 할 수 있는 여름(夏)이 좋다는 사람도 있지요. 낙엽이 지는 가을(秋)을 좋아하는 사람도 있고, 온 대지가 눈으로 하얗게 덮인 겨울(冬)을 좋아하는 사람도 있습니다. 이렇게 춘·하·추·동이 한 번씩 지나가면 1년이 되지요. 춘추(春秋)라는 말은 1년을 뜻합니다. '봄 춘(春)' 자와 '가을 추(秋)'

春 봄 춘
日 (날일), 총 9획, 7급
春夢 춘몽 : 봄에 꾸는 꿈. 즉, 덧없는 인생을 이름.
春風 춘풍 : 봄바람.

夏 여름 하
夊 (천천히걸을쇠), 총 10획, 7급
夏季 하계 : 여름의 계절.
立夏 입하 : 양력 5월 5일 경, 여름이 시작된다는 날로 24절기 중의 하나.

秋 가을 추
禾 (벼화), 총 9획, 7급
秋風落葉 추풍낙엽 : ① 가을바람에 떨어지는 나무의 잎. ② 세력이 기우는 것.
秋毫 추호 : 가을철에 가늘어진 짐승의 털. 즉, 아주 적거나 조금인 것을 이름.

冬 겨울 동
冫 (이수변), 총 5획, 7급
冬至 동지 : 양력 12월 22일 경, 일 년 중 낮이 가장 짧은 날로 24절기 중의 하나.
嚴冬 엄동 : 몹시 추운 겨울.
(예) 엄동(嚴冬)을 앞두고 땔감을 충분히 준비하지 못했다.

자가 합쳐졌을 뿐인데, 왜 1년이란 뜻이냐고요? 1년에 봄도 한 번, 가을도 한 번밖에 없기 때문이기도 하고, 춘하추동의 약자이기 때문이기도 합니다. 춘추에는 1년이라는 뜻 외에 나이라는 뜻도 있습니다. 어른에게는 "춘추가 어떻게 되십니까?"라고 묻는 것이 예의이지요.

歲_세 時_시 早_조 晩_만

해와 때
그리고
이름과 늦음

세(歲) 자는 해, 즉 1년이라는 뜻입니다. 시간이란 뜻으로도 사용됩니다. '때 시(時)' 자도 마찬가지로 시간을 나타내는 글자입니다. 그런데 '해 세(歲)' 자와 '때 시(時)' 자가 합쳐져 세시(歲時)가 되면 1년 중의 여러 절기나 달을 가리킵니다. 세시풍속(歲時風俗)이란 1년 12달의 풍속을 말합니다. 1월 설날과 5월 단오, 8월 추석과 같은 명절들을 뜻하지요. 이런 절기들은 모든 마을 사람들이 모여 함께 즐기는 행사이자 축제였습니다. 세시라는 말은 함께 외우는 것이 좋습니다.

'이를 조(早)' 자와 '늦을 만(晩)' 자는 서로 반대의 뜻입니다. 조(早) 자에는 새벽이란 뜻이, 반대로 만(晩) 자에는 저녁이라는 뜻도 있습니다.

화가 밀레의 유명한 그림 '만종(晚鐘)'을 본 적이 있으세요? 성당에서 치는 저녁 종소리에 들녘에서 농사 짓던 부부가 기도하는 그림이지요. 교회나 성당, 절에서 치는 저녁 종을 만종이라고 합니다.

프랑스 화가 밀레가 1859년에 그린 「만종」이에요.

歲 해, 나이 **세**
止(그칠지), 총 13획, 5급
歲時 세시 : 계절에 따른 때. 즉 한 해의 절기나 달을 이름.
歲月 세월 : ① 해와 달. 즉, 흘러가는 시간. ② 지내는 형편이나 재미.

時 때, 철 **시**
日(날일), 총 10획, 7급
時事 시사 : 그 때에 생긴 여러 가지 사회적 사건.
(예) 그는 시사(時事) 해설가이다.
四時 사시 : 네 가지 철. 즉, 1년 내내.

早 이를, 새벽 **조**
日(날일), 총 6획, 4급
早婚 조혼 : 이른 결혼.
早熟 조숙 : 일찍 익음.
(예) 그 아이는 나이에 비해 조숙(早熟)하다.

晚 늦을, 저녁 **만**
日(날일), 총 11획, 3급
晚時之歎 만시지탄 : 늦은 때의 한탄. 즉, 기회를 놓친 것을 한탄함.
晚鐘 만종 : 교회나 절에서 저녁 때 치는 종소리.

寒暑溫凉
한 서 온 량

차가움과 더움
그리고
따뜻함과 시원함

한서온량(寒暑溫凉)은 모두 덥고 차가움을 나타내는 말입니다. '찰 한(寒)' 자는 '집 면(宀)' 자 아래 볏짚 더미를 뜻하는 글자가 합쳐진 것입니다. 집안에서 볏짚 더미 속에 몸을 넣어도 몸이 얼음같이 차다는 뜻입니다. 얼마나 추운지 상상이 되지요. '더울 서(暑)' 자는 '날 일(日)' 자 아래 '놈 자(者)' 자가 합쳐진 글자인데, 아주 옛날에 '놈 자(者)' 자는 나무가 불에 타는 모양을 뜻했습니다. 나무에 불이 붙을 지경으로 해(日)가 내리쬐는 것이니 무척 덥겠지요.

'따뜻할 온(溫)' 자는 '물 수(水)' 자와

'날 일(日:해를 표시함)' 자와 '그릇 명(皿)' 자가 합쳐진 글자입니다. 그릇에 물을 담아 햇볕에 내놓으니 따뜻하지요. 더운물이 나오는 온천(溫泉)에 있는 조선 시대 임금님의 휴양지를 온궁(溫宮)이라고 했습니다. 마지막으로 '서늘할 량(凉)' 자에 대해 알아볼까요? '얼음 빙(氷)' 자는 부수로 사용될 때 冫으로 쓰여집니다. 경(京) 자는 서울이란 뜻이지만 흙을 높게 쌓은 높은 곳을 가리키기도 합니다. 높은 곳에 올라가니 서늘하겠지요? 바로 그 글자가 량(凉)입니다.

寒 찰, 떨 한
宀(갓머리), 총 12획, 5급
寒波 한파 : 겨울철에 기온이 갑자기 내려가는 현상.
寒心 한심 : 가엾고 딱하거나 기막힘.
(예) 우왕좌왕하는 꼴이 참으로 한심(寒心)하다.

署 더울, 여름 서
日(날일), 총 13획, 3급
署濕 서습 : 덥고 습기가 많음.
避署 피서 : 더위를 피해 시원한 곳으로 감.
(예) 바닷가로 피서(避署)를 떠나다.

溫 따뜻할, 부드러울 온
氵(水)(삼수변), 총 13획, 6급
溫泉 온천 : 따뜻한 물이 나오는 샘.
三寒四溫 삼한사온 : 7일을 주기로 사흘 춥고 나흘 더운 동아시아의 겨울 기후.

凉 서늘할, 쓸쓸할 량(양)
冫(이수변), 총 10획, 무급수
凉秋 양추 : 서늘한 가을. 음력 9월경.
凄凉 처량 : 마음이 구슬퍼질 정도로 외롭거나 쓸쓸함.

晝주 夜야 朝조 夕석

낮과 밤
그리고
아침과 저녁

주야(晝夜)는 낮과 밤이라는 뜻입니다. '낮 주(晝)' 자의 부수는 '날 일(日)'이지만 아랫부분 단(旦) 자는 해 돋을 무렵을 가리키는 글자입니다. 그래서 주(晝) 자는 해가 떠서 지는 시간까지를 뜻하지요. '낮 주(晝)' 자의 반대말이 '밤 야(夜)'입니다. 낮(晝)에는 밭을 갈고(耕), 밤(夜)에는 책을 읽는다(讀)는 뜻의 주경야독(晝耕夜讀)이라는 고사성어가 있습니다. 어려움을 딛고 열심히 공부하는 것을 의미하지요.

조석(朝夕)에 대해서 알아볼까요. '아침 조(朝)' 자는 부수가 '달 월(月)' 입니다. 여기에서는 이지

朝　朝　朝

러진 달을 뜻합니다. 반면 '날 일(日)' 자에는 아래위로 '열 십(十)' 자가 표시되어 있지요. 그래서 해가 막 뜨려는 모습입니다. 달이 지고 해가 뜨는 순간이니 '아침 조(朝)' 자가 되는 것입니다. '저녁 석(夕)' 자는 갑골문에서 새로 생기는 달을 의미합니다. 달이 뜨는 저녁을 뜻하는 것이지요.

晝 낮 주
日(날일), 총 11획, 6급
晝間 주간 : 낮 동안.
晝耕夜讀 주경야독 : 낮에는 농사 짓고 밤에는 독서함. 어려움에도 꿋꿋이 공부한다는 뜻.

夜 밤 야
夕(저녁석), 총 8획, 6급
夜勤 야근 : 밤에 근무함.
深夜 심야 : 깊은 밤. (예) 유흥업소의 심야(深夜) 영업을 단속하다.

朝 아침, 나라 조
月(달월), 총 12획, 6급
朝飯夕粥 조반석죽 : 아침에는 밥을, 저녁에는 죽을 먹음. 가난한 살림을 이르는 말.
王朝 왕조 : 왕가가 다스리는 조정. 또는 그 시대.

夕 저녁 석
夕(저녁석), 총 3획, 7급
夕陽 석양 : ① 저녁 나절의 해. ② 노년의 시절.
花朝月夕 화조월석 : 꽃 피는 아침과 달 밝은 밤. 즉, 경치가 좋은 시절.

期기 昨작 今금 翌익

때
그리고
어제, 오늘, 내일

기작금익(期昨今翌)은 모두 시간에 대한 낱말들입니다. 기(期) 자는 기약한다는 뜻입니다. 정해진 날짜를 기일(期日)이라고 하지요. 작금익(昨今翌)은 모두 날짜에 대한 낱말로 각각 어제, 오늘, 내일이란 뜻입니다. '어제 작(昨)' 자는 방금 지난 하루를 말합니다. 작일(昨日)은 어제를 뜻하고, 작야(昨夜)는 어젯밤을 뜻하지요.

금(今) 자는 이제, 지금이라는 뜻도 있고 오늘이란 의미도 있습니다. 올해를 무엇이라고 할까요? 금년(今年)이라고 하지요. 고대 갑골문에서 금(今) 자는

조선 시대에 만들어진 물시계 자격루(복원)예요. 물로 시간을 측정했답니다.

期 기약할, 때 기
月(달월), 총 12획, 5급
期約 기약 : 때를 정하여 약속함.
滿期 만기 : 미리 정한 때가 다 참.
(예) 만기(滿期)가 얼마 남지 않은 적금을 해약하다.

昨 어제 작
日(날일), 총 9획, 6급
昨年 작년 : 지난 해.
昨今 작금 : ① 어제와 오늘. ② 요즈음.

今 이제, 오늘 금
人(사람인), 총 4획, 6급
今時初聞 금시초문 : 이제야 처음 들음.
今夜 금야 : 오늘 밤.

翌 다음날 익
羽(깃우), 총 11획, 1급
翌日 익일 : 다음 날.
翌翌月 익익월 : 다음 달의 다음 달.

'달 감(甘)' 자를 거꾸로 쓴 글자입니다. 단 것을 입에 넣으면 뱉지 않고 먹게 됩니다. 그래서 계속 입에 넣고 있게 되므로 '이제, 오늘'이란 의미가 된 것이지요. 익(翌)은 내일이란 뜻입니다. 어제는 작일(昨日), 오늘은 금일(今日), 내일은 무엇일까요? 예! 맞습니다. 익일(翌日)이지요.

조선 시대 해시계 앙부일구(복원)예요. 현재 창덕궁에서 볼 수 있어요.

東동 西서 南남 北북

동녘과 서녘
그리고
남녘과 북녘

　　동서남북(東西南北)은 모두 방위, 즉 어떠한 방향의 위치를 나타내는 낱말입니다. 동(東)은 동녘, 서(西)는 서녘, 남(南)은 남녘, 북(北)은 북녘을 뜻합니다. 동(東) 자는 우리나라와 관련이 많은 말입니다. 옛날 중국 사람들은 우리 민족을 동이(東夷)라고 불렀습니다. 이(夷) 자는 '큰 대(大)' 자와 '활 궁(弓)' 자의 합자(合字)로 큰 활을 쏘는 민족이란 뜻입니다. 고구려 벽화에 활로 호랑이를 사냥하는 그림이 있습니다. 벽화 속 호랑이가 그리 크지 않은 것은 호랑이쯤은 가볍게 잡는다는 고구려인들의 씩씩한 기상이 나타나 있기 때문이지요. 그래서 이(夷) 자를 오랑캐라고 읽지 말고 '겨레 이(夷)' 라고 읽어야 합니다. 동(東) 자는 지구 전체로 보면 동양(東洋)을 뜻합니다. 유럽과 미국을 포함한 서쪽 대륙은 서양(西洋)이라고 부르지요.

남(南)은 남쪽을 뜻합니다. 남풍(南風)은 남쪽에서 불어오는 바람이지요. 북(北)은 북쪽을 뜻하기도 하고, 도망친다는 뜻도 있습니다. 싸움에서 진다는 의미도 있는데, 이때는 '북'이 아니라 '배'라고 읽습니다. 패배(敗北)라는 말 들어 봤지요.

東 동녘 **동**
木(나무목), 총 8획, 8급
東國 동국 : 동쪽에 있는 나라. 우리나라를 뜻함.
東洋 동양 : 아시아 및 그 일대를 이르는 말로서 서양(西洋)의 반대말.

西 서녘 **서**
襾(덮을아), 총 6획, 8급
西洋 서양 : 동양에서 유럽과 아메리카 주의 여러 나라를 이르는 말. 구미(歐美).
東奔西走 동분서주 : 동쪽으로 뛰고 서쪽으로 뜀. 즉, 여기저기 바쁘게 돌아다님.

南 남녘 **남**
十(열십), 총 9획, 8급
南風 남풍 : 남쪽에서 불어오는 바람.
南向 남향 : 남쪽으로 향함.
(예) 이 집은 남향(南向)이다.

北 북녘 **북** / 패할 **배**
匕(비수비), 총 5획, 8급
北伐 북벌 : 북쪽 나라를 침.
敗北 패배 : 겨루어서 짐.

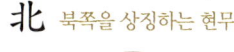

北 북쪽을 상징하는 현무

西 서쪽을 상징하는 백호

東 동쪽을 상징하는 청룡

南 남쪽을 상징하는 주작

前_전 後_후 左_좌 右_우

앞과 뒤
그리고
왼쪽과 오른쪽

전후좌우(前後左右)는 앞과 뒤, 왼쪽과 오른쪽이라는 뜻입니다. 각각 '앞 전(前)', '뒤 후(後)', '왼 좌(左)', '오른쪽 우(右)' 자입니다. 싸움터의 최전선을 전방(前方)이라고 하고, 앞으로 나가는 것을 전진(前進)이라고 합니다. 전방으로 힘차게 전진하는 병사가 가장 용감하겠지요. 전후(前後)라는 말은 함께 외우는 것이 편리합니다.

좌우(左右)는 각각 왼쪽과 오른쪽이란 뜻입니다. 옛날에는 좌(左) 자나 우(右) 자가 들어가는 벼슬이 많았습니다. 좌의정이나 우의정, 또는 우장군이나 좌장군 같은 벼슬이지요. 좌의정과 우의정 중에는 누가 더 높았을까요? 같은 정1품이지만 좌의정이 우의정보다 높았습니다. 그럼 좌장군과 우장군 중에는 누가 높았을까요? 좌장군이 높았다고요? 틀렸습니다. 문관(文官)은 왼쪽이 높지만 무관(武官)은 오른쪽이 더 높습니다. 그래서 우장군이 좌장군보다 더 높은 것이지요.

경복궁 근정전 모습이에요. 자세히 살펴보면 각자 품계에 맞게 서도록 품계석(왼쪽)이 서 있어요.

前 앞 전
刂(刀)(선칼도방), 총 9획, 7급
前方 전방 : 앞쪽. 최전선.
前無後無 전무후무 : 앞에도 없고 뒤에도 없음.
(예) 전무후무(前無後無)의 대기록.

後 뒤 후
彳(두인변), 총 9획, 7급
後食 후식 : 식사 뒤에 먹는 과일이나 아이스크림 따위의 간단한 음식.
産後 산후 : 아이를 낳은 뒤.

左 왼 좌
工(장인공), 총 5획, 7급
左便 좌편 : 왼쪽.
左衝右突 좌충우돌 : 좌로 찌르고 우로 부딪힘. 즉, 아무 일이나 아무에게나 함부로 부딪힘.

右 오른쪽 우
口(입구), 총 5획, 7급
右側 우측 : 오른편의 옆.
右往左往 우왕좌왕 : 이리저리 왔다 갔다 하며 방향을 잡지 못함.

上下中間
상 하 중 간

위와 아래
그리고
가운데

상하(上下)는 위와 아래라는 뜻입니다. 하늘과 땅을 천지(天地)라고도 하지만 상하라고도 합니다. 임금과 신하, 또는 윗사람과 아랫사람을 통틀어서 상하라고 하지요. 보통 상(上)은 좋다는 뜻이고 하(下)는 나쁘다는 뜻을 가지고 있습니다. 곡물이 많이 수확되는 좋은 밭을 상전(上田)이라고 합니다. 그렇다면 나쁜 밭은 뭐라고 할까요? 하전(下田)이지요. 조금 어려운 말이지만 공주가 신하에게 시집가는 것을 '아래로 시집간다'는 뜻에서 하가(下嫁)라고 했습니다.

중(中) 자는 '위아래로 통할 곤(|)' 자와 '입 구(口)' 자의 합자(合字)

上 위 상
一(한일), 총 3획, 7급
上田 상전 : 수확이 많은 좋은 밭. (반) 下田 (하전)
上流 상류 : ① 강이나 내의 발원지에 가까운 부분. ② 수준이 높은 지위나 생활.

下 아래 하
一(한일), 총 3획, 7급
下野 하야 : 관직에서 물러나 민간으로 돌아감.
下達 하달 : 윗사람의 뜻이 아랫사람에게 미치어 이름. (예) 명령을 하달(下達)하다.
天下 천하 : 하늘 아래 온 세상.

中 가운데 중
丨(뚫을곤), 총 4획, 8급
中立 중립 : 어느 편에도 치우치지 않고 가운데 입장을 취함.
百發百中 백발백중 : 백 번 쏘아 백 번 과녁 가운데를 맞힘. 즉, 목적한 바를 다 이룸.

間 사이 간
門(문문), 총 12획, 7급
間言 간언 : 사이에서 남을 이간하는 말.
間食 간식 : 끼니와 끼니 사이에 음식을 먹음.

입니다. 중국어를 중문(中文)이라고 하는데서 알 수 있듯이 중국을 나타내는 글자이기도 합니다. 간(間) 자는 '문 문(門)' 자와 '날 일(日)' 자가 합쳐진 글자인데, 문틈으로 햇빛이 들어온다는 뜻입니다. 중간(中間)은 가운데를 뜻하지요. 상하(上下) 사이에 중간이 있듯이 좌우(左右) 사이에도 중간이 있습니다.

登등 降강 仰앙 俯부

오름과 내려옴
그리고
우러름과 숙임

'오를 등(登)' 자는 '걸을 발(癶)' 자와 '콩 豆(두)' 자가 합쳐진 글자입니다. 발(癶)는 두발을 모으고 발 뒤축을 든 모양을 나타냅니다. 두(豆)는 콩이란 뜻이지만 음식 그릇 모양을 뜻하기도 합니다. 제사 지낼 때 발 뒤축을 모으고 음식을 제단에 올려놓는 것을 그린 글자가 등(登)입니다. 여기에서 오른다는 뜻이 생긴 것이지요. 강(降) 자는 반대로 내려온다는 의미입니다. 적에게 투항한다는 뜻으로 쓸 때는 항(降)이라고 읽습니다.

앙부(仰俯)는 우러러보고 내려다본다는 뜻입니다. '우러를 앙(仰)' 자는 서 있는 사람과 꿇어 앉은 사람을 표시합니다. 꿇어 앉은 사람이 서 있는 사람을 우러러본다는 뜻입니다. '구부릴 부(俯)' 자를 볼까요? '사람 인(亻)' 자와 '관청 부(府)' 자가 합쳐진 글자입니다. 옛날에는 관청에 들어갈 때 머리를 숙여야 했습니다. 그래서 '구부릴 부(俯)' 자가 된 것이지요.

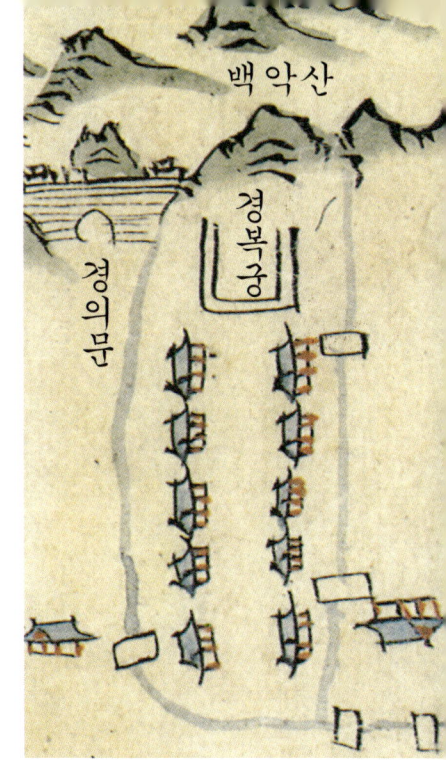

조선 시대 관청이 있었던 육조거리를 나타낸 여지도입니다. 오른쪽(동쪽) 가장 위부터 의정부, 이조, 한성부, 호조, 기로소가 있었고, 왼쪽(서쪽)은 예조, 사헌부, 병조, 형조, 공조가 있던 건물이에요.

登 오를, 나갈 **등**
癶(필발머리), 총 12획, 7급
登山 등산 : 산에 오름.
登場 등장 : ① 무대나 연단 따위에 나옴. ② 새로운 제품이나 인물이 나옴.

降 내릴 **강** / 항복할 **항**
阝(阜)(좌부방), 총 9획, 4급
降雪 강설 : 눈이 내림.
降伏 항복 : 적이나 상대편에 눌리어 굴복함.

仰 우러를 **앙** / 믿을 앙
亻(人)(사람인), 총 6획, 3급
仰天 앙천 : 하늘을 쳐다봄.
信仰 신앙 : 신이나 초자연적인 절대자를 믿고 받드는 일.

俯 숙일 **부** / 구부릴 **부**
亻(人)(사람인), 총 10획, 1급
俯伏 부복 : 고개를 숙이고 엎드림.
俯仰 부앙 : 고개를 숙이고 위를 쳐다봄.

内外表裏
내 외 표 리

안과 밖
그리고
겉과 속

내외(內外)와 표리(表裏)는 서로 반대되는 글자끼리 묶은 단어입니다. 내외는 안과 밖이란 뜻입니다. '안 내(內)' 자는 冂 자 속에 사람(人)이 들어가 있는 모습이니 안이란 뜻이지요. 내외는 안과 밖이라는 뜻에서 출발해, 나라 안(國內)과 나라 밖(國外)을 가리키기도 합니다.

표리는 겉과 속이란 뜻입니다. 각각 '겉 표(表)', '속 리(裏)' 자입니다. 표정(表情)이라는 말 들어봤지요. 표정은 마음속의 감정이 얼굴 표면에 드러나는 것을 말합니다. 사람은 겉과 속이 같아야 하는데, 겉과 속이 다른 사람들이 있습니다. 이를 '표리부동(表裏不同)하다'라고 하는데, 주로 나쁜 뜻으로 많이 사용합니다. 이면(裏面)은 겉으로 드러나지 않

마당놀이를 할 때 쓰는 탈이에요. 여러가지 표정을 나타내고 있어요.

은 속사정을 말합니다. "저 사람 표정은 웃고 있지만 이면은 다르다." 라고 말하면 얼굴은 웃지만 속은 불편하다는 뜻입니다. 내외와 표리는 함께 외우면 기억하기 쉬운 단어들입니다.

内 안 내
入(들입), 총 4획, 7급
內憂外患 내우외환 : 나라 안의 근심과 나라 밖의 근심. 즉, 내란과 외침.
案內 안내 : 안으로 인도함. 즉, 어떤 내용을 소개하여 알려 줌.

外 바깥 외
夕(저녁석), 총 5획, 8급
外貌 외모 : 사람의 겉모습.
外柔內剛 외유내강 : 밖으로 보기엔 부드러우나 안은 곧고 굳셈.

表 겉, 나타날 표
衣(옷의), 총 8획, 6급
表情 표정 : 마음속의 감정, 정서 따위의 심리 상태가 얼굴에 나타난 모양.
表裏不同 표리부동 : 겉과 속이 같지 않음.
表出 표출 : 겉으로 나타냄.

裏 속 리(이)
衣(옷의), 총 13획, 3급
裏面 이면 : 겉으로 나타나거나 눈에 보이지 않는 부분.
裏城 이성 : 안에 있는 성.

彼피 此차 處처 所소

저것과 이것
그리고
곳과 바

피차(彼此)는 각각 '저 피(彼)' 자와 '이 차(此)' 자인데, 저것과 이것이란 뜻으로 서로 반대되는 글자입니다. '저 피(彼)' 자가 사람을 가리킬 때는 '나 아(我)' 자의 대칭어로 사용됩니다. 그래서 피아(彼我)라고 하면 좁게는 그와 나를 가리키지만, 범위를 넓히면 상대방과 우리 편, 저편과 이편을 의미합니다. '이 차(此)' 자는 가장 가까운 사물을 가리키는 말인데, 차군(此君)이 무슨 뜻인지 아세요? 글자 그대로 풀이하면 '가장 가까운 그대'라는 뜻인데, 뜻밖에도 대나무를 이르는 말입니다. 옛날 선비들이 대나무를 그만큼 가까이 여겼음을 말해 줍니다.

처소(處所)도 함께 외워 두는 것이 편한 글자입니다. 둘 다 머무는 곳이라는 뜻이지요. 피차처소(彼此處所)는 이 처소, 저 처소, 즉 이곳, 저곳을 의미하는 단어입니다.

彼 저, 그 피
　彳(두인변), 총 8획, 3급
　彼我 피아 : 그와 나 또는 저편과 이편을 아울러 이름.
　彼人予人 피인여인 : 그나 나나 마찬가지로 사람임. 즉, 나도 그와 같이 될 수 있음.

此 이, 이에 차
　止(그칠지), 총 6획, 3급
　此時 차시 : 이 때. 지금.
　此日彼日 차일피일 ; 이날저날 하며 자꾸 기일을 미루는 모양.
　如此 여차 : 이와 같음. (예) 사태가 여차(如此)하니 피하는 게 좋겠다.

處 곳, 살 처
　虍(범호밑), 총 11획, 4급
　出處 출처 : 생겨나온 곳. 즉, 사물이나 말이 나온 근거.
　處世 처세 : 세상에서 사람들과 사귀며 살아가는 일.
　(예) 그는 처세(處世)에 밝다.

所 바, 곳 소
　戶(지게호), 총 8획, 7급
　所感 소감 : 마음에서 느낀 바.
　(예) 당선자가 수상 소감(所感)을 밝히다.
　宿所 숙소 : 머무르며 잠을 자는 곳.

往來行止
왕 래 행 지

가고 옴
그리고
다님과 멈춤

정약용 선생님은 뜻이 비슷하거나 반대되는 글자끼리 묶어서 공부하는 것이 효과적이라고 생각했습니다. 그래서 관련이 있는 글자를 같이 배치했지요. 왕래(往來)는 '갈 왕(往)' 자와 '올 래(來)' 자로서 가고 오는 것을 뜻합니다. 어른들이 "내가 왕년(往年)에……."라고 자랑삼아 말하는 것을 들어 봤나요? 왕년은 지나간 해, 즉 옛날이라는 뜻입니다.

행(行) 자는 다니다, 가다는 뜻이고 지(止) 자는 그치다, 멈추다라는 뜻입니다. 따라서 행지(行止)는 가는 것과 멈추는 것, 행하는 것과 그치는 것을 말합니다. 행(行) 자가 여러 명이라는 뜻으로 사용될 때는 항(行)으로 읽습니다. 친족 등급의 차례를 말할 때는 항렬(行列)이라고 읽지요. 나이가 적은 사람이 집안의 항렬로는 할아버지뻘인 경우가 있습니다. 이 경우 '저 이는 나이는 적어도 항렬은 높다'라고 말합니다.

往 갈, 보낼 **왕**
彳(두인변), 총 8획, 4급
往復 왕복 : 가고 돌아옴.
(예) 그는 왕복(往復) 기차권을 샀다.
往診 왕진 : 의사가 환자 집에 가서 진찰함.

來 올, 이래 **래**
人(사람인), 총 8획, 7급
來賓 내빈 : 초대 받고 온 손님.
近來 근래 : 가까운 요즘 이래로.

行 다닐 **행** / 항렬 **항**
行(다닐행), 총 6획, 6급
行動 행동 : 동작. 움직임.
行方不明 행방불명 : 다닌 곳이나 방향을 모름.
行列 항렬 : ① 배열의 차례.
② 친족 등급의 차례.
(예) 나이는 내가 많으나 항렬(行列)은 그가 삼촌뻘이다.

止 그칠 **지**
止(그칠지), 총 4획, 5급
止血 지혈 : 나오던 피가 그침.
廢止 폐지 : 제도나 법규, 일 따위를 그치거나 없앰.

 깔깔 한자 이야기

파자점(破字占) 이야기

 한자(漢字)를 해체해 그 뜻을 풀이하는 파자점(破字占)의 이야기는 무척 재미있습니다.

이야기 하나

암행어사 박문수와 관련된 이야기입니다. 박문수가 암행어사로 임명된 후 길을 떠나는데 사람들이 모여 한 점쟁이를 둘러싸고 있었습니다. 가까이 가 보니 점쟁이가 옥편을 펼쳐 놓고 글자를 짚으면 풀이해 주는 파자점을 치고 있었지요. 호기심이 동한 박문수는 장난치고 싶은 생각이 들어 점쟁이를 뜻하는 '점 복(卜)' 자를 골랐습니다. 점쟁이를 난처하게 만들려는 의도였어요. 그러자 점쟁이는 깜짝 놀라더니 박문수를 외면했습니다. "복(卜) 자는 뚫을 곤(丨) 자 옆에 점 주(丶) 자가 있는데, 곤(丨) 자는 사람을 뜻합니다. 사람이 해와도 비슷하고 달과도 비슷한 것을 가지고 다니니 암행어사가 분명합니다. 빨리 가서 나랏일이나 보시오." 박문수는 어사로 임명 받으면서 걸인의 행색 비슷하게 변복(變服)을 했는데, 어사임을 알고 '나랏일을 보라'니 당황할 수밖에 없었습니다. "나같은 사람을 어딜 봐서 어사라고 하는 것이오. 당신 점이 틀렸소." 황급히 행렬에서 빠져나온 박문수는 같이 데리고 가던 종자

(從者) 한 명을 점쟁이에게 보내 같은 '점 복(卜)' 자를 짚으라고 시켰습니다. "당신은 남의 집 하인이 아니면, 역졸(驛卒)이겠소." 박문수의 종자가 글자를 짚자 점쟁이가 말했습니다. "복(卜) 자는 뚫을 곤(丨) 자 옆에 점 주(丶) 자가 있는데, 곤(丨) 자는 사람을 뜻하지요. 사람 몸에 방망이 같기도 하고 방울 같기도 한 것을 가지고 다니니 남의 집 하인 아니면 종자 아니겠소."

이야기 둘

두 선비가 파자점을 치러 갔는데, 먼저 간 선비가 '가운데 중(中)' 자를 짚었습니다. "급제하여 나라의 충신(忠臣)이 되겠소." 이 말을 듣고 곁에 있던 선비도 같은 중(中) 자를 짚었습니다. 그런데 점쟁이가 "급제는 하겠으나 장차 한 몸을 지탱하기 어려울 것이오." 라고 다른 풀이를 하는 것이었습니다. 나중에 점친 선비는 기분이 상해 '같은 중(中) 자를 짚었는데, 왜 저 선비는 충신이 된다고 하고 나는 흉(凶)하게 말하시오'라고 따졌습니다. 그러자 점쟁이는 "앞 선비는 중(中) 자에 마음 심(心)을 더했으니 '충성 충(忠)' 자가 됩니다. 그러니 충신이 되지 않겠소. 당신은 이미 다른 사람이 든 '충성 충(忠)' 자에 '가운데 중(中)'을 더했으니 '근심 환(患)' 자가 되는 것이오. 그러니 어찌 한 몸을 지탱하기 쉽겠소."라고 대답했답니다.

이처럼 파자점은 같은 글자를 가지고 정반대의 뜻풀이가 나오기 일쑤이므로 심심풀이로나 볼만한 것임을 알 수 있습니다.

3장 감각을 표현하는 한자

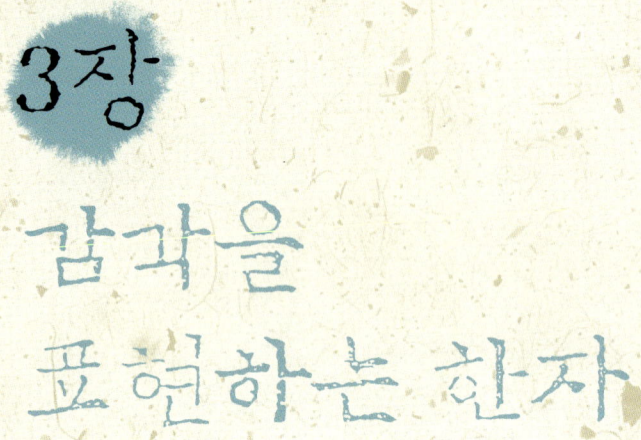

사람은 오감을 지니고 있어요.
여러분은 어떤 감각이 뛰어난가요?
보고, 듣고, 맛보고, 냄새 맡고 만지는 감각을
어떻게 한자로 표현하는지 배워 보세요.

黑흑 白백 玄현 素소

검은색과 흰색
그리고
검은 것과 흰 것

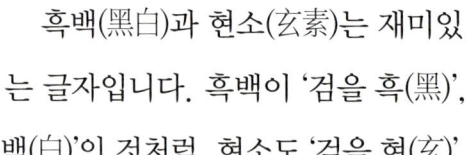

흑백(黑白)과 현소(玄素)는 재미있는 글자입니다. 흑백이 '검을 흑(黑)', '흰 백(白)'인 것처럼, 현소도 '검을 현(玄)', '흴 소(素)'로 그 뜻이 서로 같습니다. 그럼 뜻이 같은 글자를 어떻게 구분할까요? 먼저 '검다'는 뜻인 흑(黑)과 현(玄)을 비교해 보겠습니다. 흑(黑)은 나쁜 의미로 자주 쓰이는 반면, 현(玄)은 '심오하다'는 뜻을 내포한 좋은 의미로 사용됩니다. 예를 들어 중국인들이 많이 믿는 도교(道教)를 현교(玄敎)라고 하지만, 조직폭력배들의 세계는 흑사회(黑社會)라고 합니다. 그 의미의 차이를 알겠지요.

그럼 '희다'는 뜻인 백(白)과 소(素)는 어떻게 다를까요? 백(白)은 보통 흑(黑)의 반대말로 쓰입니다. 하지만 사람이 세상을 떠났을 때 입는 상복은 흰색이지만 백복이라고 하지 않고 소복(素服)이라고 합니다. 또 소(素)는 소박하다는 의미도 갖고 있습니다. 그래서 소식(素食)이라고 하면 고기를 넣지 않은 소박한 음식을 뜻하게 되지요.

책속 작은 사전

黑 검을 흑
黑(검을흑), 총 12획, 5급
黑心 흑심 : 검은 마음. 음흉하고 부정한 욕심이 많은 마음.
漆黑 칠흑 : 옻칠처럼 검고 광택이 있음. 또는 그런 빛깔.

白 흰 백
白(흰백), 총 5획, 8급
白眉 백미 : 여럿 중 가장 뛰어난 것.
白面書生 백면서생 : 얼굴이 흰 글 선생. 즉, 나이가 젊고 경험이 적은 글 선생. 풋내기.

玄 검을, 오묘할 현
玄(검을현), 총 5획, 3급
玄黃 현황 : 검은 하늘빛과 누런 땅 빛.
玄妙 현묘 : 어떤 일의 경지가 헤아릴 수 없을 정도로 오묘함.
(예) 현묘(玄妙)한 음색.

素 본디, 흴 소
糸(실사), 총 10획, 4급
素花 소화 : 주로 절에서 쓰는 종이로 만든 흰 꽃.
素養 소양 : 본디부터 가진 교양. 즉, 평소에 닦은 학문과 덕행.

青청 紅홍 黃황 綠록

푸른빛과 붉은빛
그리고
누런빛과 초록빛

청홍황록(青紅黃綠)은 모두 색깔을 나타내는 낱말입니다. 청(青)은 푸른 색, 홍(紅)은 붉은 색, 황(黃)은 누런 색, 녹(綠)은 녹색을 나타내지요. 역사를 청사(青史)라고도 합니다. 종이가 없던 시절 대나무를 쪼갠 죽간(竹簡)에 역사를 기록했는데, 대나무가 푸르기 때문에 청사라고 불렀지요. 청(青) 자에는 젊다는 뜻도 있답니다. 그래서 젊은이를 청년(青年)이라고 하지요. 또 우리나라를 옛날 푸른 언덕이란 뜻으로 청구(青丘)라고 했습니다. 왜 푸른색을 썼냐고요? 청색이 바로 동쪽을 나타내기 때문입니다. 홍(紅) 자에는 붉다는 뜻 외에 아름답다는 의미도 있습니다. 그래서 아름다운 얼굴을 홍안(紅顔)이라고 합니다.

황(黃)은 누런색을 의미합니다. 중국에서 불어오는 모래 바람을 황사(黃沙)라고 하지요. 또 황(黃) 자는 방위를 나타낼 때 가운데를 뜻하는 色(색)입니다. 중국의 황제가 황색(黃色) 옷을 입는 것은 이 때문이지요. 녹(綠) 자는 푸르다는 뜻도 있고, 깊은 산속을 뜻하기도 합니다. 녹림당(綠林黨)이라는 말이 있는데, 바로 산적(山賊)을 운치 있게 표현한 말입니다.

青 푸를 청
青(푸를청), 총 8획, 8급
青山流水 청산유수 : ① 푸른 산과 흐르는 물. ② 막힘없는 말솜씨
青史 청사 : 역사. 종이가 없던 시절, 푸른 대나무 껍질에 역사를 기록한데서 유래.

紅 붉을 홍
糸(실사), 총 9획, 4급
紅顔 홍안 : ① 붉고 윤이 나는 젊고 아름다운 얼굴. ② 미인의 얼굴.
紅一點 홍일점 : 푸른 잎 가운데 한 송이 붉은 꽃. 즉, 뭇 남성 사이의 한 여성.

黃 누를 황
黃(누를황), 총 12획, 6급
黃沙 황사 : 누런 모래.
(예) 봄철 어김없이 발생하는 황사(黃沙) 현상.
黃金萬能 황금만능 : 금이면 만 가지 일이 능함. 즉, 돈이면 뭐든 이룰 수 있다는 믿음.

綠 초록빛 록(녹)
糸(실사), 총 14획, 6급
綠陰 녹음 : 초록빛 그늘. 즉, 나무나 숲이 주는 그늘.
(예) 녹음(綠陰)이 우거지다.
常綠樹 상록수 : 사철 내내 잎이 푸른 나무.

甘 苦 辛 酸
   감 고 신 산

단맛과 쓴맛
그리고
매운맛과 신맛

감고신산(甘苦辛酸)은 모두 맛에 관한 낱말입니다. '달 감 (甘)', '쓸 고(苦)', '매울 신(辛)', '실 산(酸)' 자입니다. 갑골문에서 감(甘) 자는 음식을 입에 넣고 있는 모양을 나타냅니다. 음식이 달콤하니까 뱉지 않고 그냥 물고 있는 것이지요.

　　　　 ㅂ　　 ㅂ　　 甘

고(苦) 자는 쓰다는 뜻 때문에 여러 용도로 많이 사용됩니다. 살기가 어려운 것을 고생(苦生)한다고 합니다. '매울 신(辛)' 자는 옛날 죄수의 이마에 글씨를 새기던 끝이나 칼의 모양을 나타내는 글자였습니다. 그래서 신(辛) 자에는 죄라는 뜻도 있지요. 산(酸) 자는 시다는 뜻으로 식초를 나타내기도 합니다. 신산(辛酸)은 맵고 시다는 뜻입니다. '인생이 신산스럽다'라고 하면 인생이 잘 안 풀려 고생한다는 의미이지요. 감고(甘苦)는 서로 다른 뜻을 가진 낱말을 묶은 것이고, 신산은 서로 비슷한 뜻을 가진 낱말을 묶은 것입니다.

오미자 열매예요. 오미자는 단맛, 신맛, 쓴맛, 짠맛, 매운맛의 5가지 맛이 모두 납니다.

甘 달, 맛날 **감**
甘(달감), 총 5획, 4급
甘受 감수 : 괴로움 따위를 달갑게 받아들임. (예) 감수(甘受)하기 어려운 고통.
甘露 감로 : 천하가 태평할 때, 하늘에서 내린다고 하는 단 이슬.

苦 쓸, 괴로울 **고**
艹(艸)(초두), 총 9획, 6급
苦笑 고소 : 쓴웃음. (예) 씁쓸한 생각에 고소(苦笑)를 금치 못하였다.
苦難 고난 : 괴로움과 어려움.

辛 매울, 독할 **신**
辛(매울신), 총 7획, 3급
辛辣 신랄 : ① 맛이 몹시 맵고 아림. ② 분석이나 비평이 매우 날카로움.
苦辛 고신 : 괴롭고 쓰라림.

酸 실, 식초 **산**
酉(닭유), 총 14획, 2급
酸味 산미 : 신 맛, 시기, 질투.

聲聽色視
성 청 색 시

소리와 들음
그리고
빛과 봄

성청(聲聽)은 '소리를 듣다'는 뜻이고, 색시(色視)는 '빛을 보다'는 뜻입니다. '소리 성(聲)' 자와 '들을 청(聽)' 자의 부수는 무엇일까요? 잘 모르겠다고요? 두 글자에서 서로 비슷하게 생긴 부분을 찾아보세요. 예, 그렇습니다. '귀 이(耳)' 자가 보이지요. '귀 이(耳)' 자를 부수로 쓰니 듣는 것과 관련이 있다고 짐작할 수 있습니다. 그래서 귀와 관련이 있는 '소리 성(聲)' 자와 '들을 청(聽)' 자가 된 겁니다.

그럼 색시에 대해서 알아볼까요. '빛 색(色)' 자는 여러 색깔을 나타내는 글자입니다. 색깔이란 뜻도 있고, 얼굴빛이라는 뜻도 있습니다. '볼 시(視)' 자는 '볼 시(示)'와 '볼 견(見)' 자가 합쳐진 글자입니다. '보일시(示)' 자와 '볼 견(見)' 자가 합쳐진 글자니 '볼 시(視)' 자가 되는 것이 당연하지요.

이처럼 한자는 그 뜻을 몰라도 그 구조를 자세히 살펴보면 알 수 있는 글자가 많이 있습니다. 한자의 구조를 생각하다 보면 머리도 좋아진답니다.

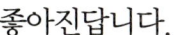

聲 소리 성
耳(귀이), 총 17획, 4급
名聲 명성 : 세상에 널리 퍼져 평판 높은 이름.
發聲 발성 : 소리를 냄. 또는 그 목소리.

聽 들을 청
耳(귀이), 총 22획, 4급
聽取者 청취자 : 라디오 방송을 듣는 사람.
盜聽 도청 : 남의 이야기를 몰래 엿듣거나 녹음하는 일. (예) 전화를 도청(盜聽)하다.

色 빛, 색 색
色(빛색), 총 6획, 7급
色相 색상 : 빛의 파장에 의해 달라지는 만물의 형상. 즉, 파랑, 빨강 같은 빛깔.
敗色 패색 : 싸움에 질 것 같은 기미. (예) 최선을 다 했지만 패색(敗色)이 짙다.

視 볼 시
見(볼견), 총 12획, 4급
視力 시력 : 눈으로 물건을 볼 수 있는 힘.
同一視 동일시 : 둘 이상의 것을 똑같은 것으로 봄.

音 響 芳 香
음 향 방 향

소리과 울림
그리고
꽃다운 향내

음향(音響)은 소리와 관련이 있는 단어입니다. '소리 음(音)' 자와 '울림 향(響)' 자로 이루어져 있습니다. 음향은 소리가 울린다는 뜻이지요. '소리 음(音)' 자는 글자 전체가 부수인 제 부수입니다. '소리 음(音)' 자를 부수로 사용하는 낱말은 소리와 관련이 있다고 짐작할 수 있습니다. '울림 향(響)' 자의 부수를 찾아보세요. 바로 '소리 음(音)' 자입니다. '소리 음(音)' 자만 외우면 복잡한 '울림 향(響)' 자를 외우기가 보다 쉬워집니다.

방향(芳香)에 대해서 살펴볼까요. 방향은 꽃다운 향기라는 뜻입니다. '꽃다울 방(芳)' 자에는 향내 나다는 뜻이 있습니다. '풀 초(艹)' 자와 '사방 방(方)' 자가 합쳐진 글자로, 화초의 향기가 사방으로 퍼진다는 의미입니다. '꽃다울, 향내날 방(芳)' 자와 '향기 향(香)' 자가 만났으니 사방으로 꽃다운 향기가 퍼져 나가는 것 같습니다. 아름다운 뜻의 글자들입니다. 시집 안 간 처녀들의 나이를 방년(芳年)이라고 합니다. 꽃다운 나이라는 뜻이지요. 『춘향전(春香傳)』에서 춘향이는 방년 16세가 되던 때 이도령을 만나게 된답니다.

音 소리 음
音(소리음), 총 9획, 6급
和音 화음 : 높이가 다른 음들이 함께 울릴 때 서로 어울리는 소리.
錄音 녹음 : 테이프나 영화 필름 따위에 소리를 기록함.

響 울릴 향
音(소리음), 총 22획, 3급
響應 향응 : 울리는 소리에 따라 반응해 행동을 마주 취함.
反響 반향 : 어떤 사건이 세상에 미쳐 일어나는 반응.
(예) 폭발적인 반향(反響)을 얻다.

芳 꽃다울, 향내날 방
艹(艸)(초두), 총 8획, 3급
芳年 방년 : 꽃다운 젊은 여자의 나이. (예) 방년(芳年) 18세.
芳春 방춘 : 꽃이 한창 피는 아름다운 봄.

香 향기 향
香(향기향), 총 9획, 4급
香料 향료 : 향을 만드는 원료.
殘香 잔향 : 남아 있는 향기.

光彩形影
광 채 형 영

빛과 무늬
그리고
모양과 그림자

'빛 광(光)' 자는 사람이 횃불을 치켜든 모양을 나타낸 글자입니다. 횃불을 들었으니 빛날 수밖에 없지요. 그래서 '빛 광(光)' 자가 된 것입니다. 채(彩) 자는 채색 또는 무늬라는 뜻입니다. 그래서 광채(光彩)는 아름답고 찬란한 빛이라는 뜻이 되지요.

형영(形影)은 '모양 형(形)' 자와 '그림자 영(影)' 자입니다. '모양 형(形)'은 실제로 있는 형체를 말하고, '그림자 영(影)'은 그 형체의 그림자를 말하는 것입니다. 그래서 형영은 형체와 그림자를 아울러 이르는 말이 됩니다. 형체와 그림자가 따로따로 움직일 수 있을까요? 없지요. 형체와 그림자는 항상 함께 움직입니다. 그래서 형영은 서로 뗄 수 없는 사이를 표현하기도 합니다. 형영상동(形影相同)이란 말이 있는데, 형체의 움직임에 따라 그림자가 같이 움직이므로 마음이 고스란히 행동으로 나타난다는 뜻입니다. 형영상조(形影相弔)라는 말은 자기 몸과 그림자가 서로 불쌍히 여긴다는 뜻으로, 의지할 곳이 없어 몹시 외로워하는 것을 이르는 말입니다.

光 빛 광
　儿(어진사람인발), 총 6획, 6급
　光澤 광택 : 빛의 반사로 물체의 표면에서 나는 윤.
　夜光 야광 : 밤의 어둠 속에서도 빛이 남. (예) 이 구슬은 야광(夜光)이다.

彩 채색, 무늬 채
　彡(터럭삼), 총 11획, 3급
　彩色 채색 : ① 여러 가지 고운 빛깔. ② 그림 따위에 색을 칠함.
　水彩畵 수채화 : 물감을 물에 풀어 채색한 그림.

形 모양 형
　彡(터럭삼), 총 7획, 6급
　形狀 형상 : 물체의 생긴 모양.
　體形 체형 : 몸의 모양. (예) 그녀는 발레에 적합한 체형(體形)이다.

影 그림자, 모습 영
　彡(터럭삼), 총 15획, 3급
　反影 반영 : 반사하여 비치는 그림자.
　影響 영향 : ① 그림자와 울림. ② 어떤 일의 효과나 작용이 다른 것에 미치는 일.

 번쩍 한자 이야기

임금의 묘호(廟號)

묘호(廟號)는 임금이 세상을 떠난 후 드리는 존호(尊號)를 뜻합니다. 태조(太祖)나 세종(世宗) 같은 호칭들이 바로 묘호지요. 보통 종(宗)과 조(祖) 두 가지를 썼습니다. 그럼 누구는 종(宗)을 쓰고 누구는 조(祖)를 썼을까요? 『인종실록』 1년 1월조에 보면 우의정 윤인경(尹仁鏡)이 종(宗)과 조(祖)를 쓰는 기준에 대해 설명하는 것이 나옵니다. "조는 공이 있는 분께 올리고, 종은 덕이 높은 분께 올립니다(祖有功宗有德)."라는 것입니다. 나라를 새로 개창했거나 외적의 침입으로부터 나라를 지킨 임금은 조(祖)를 쓰고, 그 외에 덕이 높은 임금께는 종(宗)을 쓴다는 뜻이지요. 그래서 나라를 세운 이성계에게는 태조(太祖)라는 묘호가 붙습니다.

고려 시대에는 나라를 세운 왕건(王建)에게만 태조라는 묘호를 올렸습니다. 그러나 조선 시대에는 선왕의 뒤를 이은 왕들이 부왕(父王)에게 종(宗)보다는 조(祖) 자를 올리고 싶어하는 경향을 보이면서 조(祖) 자의 사용이 늘어납니다. 선조(宣祖)는 일본의 침략으로부터 나라를 지켰다는 의미에서 조(祖) 자를 올렸으니 그런대로 적당하다고 볼 수 있습니다. 그러나 선조도 본래 선종(宣宗)이었던 것을 광해군 8년 선조

조선 시대 왕이 쓰던 어보와 영조가 직접 쓴 『수덕진편』이라는 책이에요.

로 바꾼 것입니다. 세조(世祖)는 단종 때 망하려는 나라를 다시 살렸다는 의미에서 조(祖) 자를 사용합니다. 그러나 단종 때 자칫하면 나라가 망했을 것이라고 생각하는 것은 쿠테타를 일으킨 쪽의 생각일뿐이지요. 이 경우는 권력을 차지한 쪽이 마음대로 조(祖) 자를 올렸다는 사실을 알 수 있습니다. 영조(英祖)·정조(正祖)·순조(純祖)도 본래는 영종(英宗)·정종(正宗)·순종(純宗)이었던 것을 후세에 고친 것입니다.

이들 외에 세조의 장남인 의경세자는 세조 3년(1457) 병사했는데, 그 아들 성종이 즉위 2년(1471) 덕종(德宗)으로 추존했으며, 사도세자는 정조가 즉위한 후 장헌(莊獻)세자로 명칭이 바뀌었다가 고종 때인 1899년 장조(莊祖)로 추존됩니다. 순조의 아들인 효명(孝明)세자는 순조 30년(1830) 즉위하지 못하고 세상을 떠났는데 아들 헌종이 즉위한 후 익종(翼宗)으로 추존되었습니다. 덕종(德宗), 장조(莊祖), 익종(翼宗)이 갖고 있는 공통점은 무엇일까요? 그렇습니다. 한때 세자였다는 점이지요. 중도에 불행하게 일찍 죽지 않았다면 국왕이 될 수 있었지만 명이 짧아 국왕이 되지 못한 인물들인 것입니다.

삼국 시대에는 신라의 김춘추가 태종이란 묘호를 사용한 기록이 있습니다. 다른 임금들은 기록이 없어서 알 수 없습니다. 당나라에서 당 태종 이세민의 묘호와 같다고 문제를 제기했으나, 신라는 개의치 않고 그냥 사용했습니다. 신라에서는 김춘추를 그만큼 높였던 것이지요.

조선을 세운 태조 이성계의 초상화예요.

4장-
감정을 나타내는 한자

기쁘거나 슬프거나 즐겁거나 화가 나거나,
우리는 늘 감정을 느끼며 살아가요.
이런 감정들을 어떻게 한자로 표현할까요?
모든 괴로움은 마음속에 있다는 말이 있지요.
여러분은 어떻게 생각하나요?

人인 物물 性성 情정

사람 그리고 성질과 심정

인물(人物)은 '사람 인(人)' 자와 '물건 물(物)' 자입니다. 원래는 사람과 물건이라는 서로 반대의 뜻으로 쓰였습니다. 사람(人)에 대비되는 물건(物)이라는 뜻이지요. 그런데 그 뜻이 확대되어 뛰어난 사람을 뜻하는 말이 되었습니다. '저 사람은 인물이다'라고 말하면 훌륭한 사람이라는 뜻입니다. 조선 숙종 임금 때 조선의 역대 뛰어난 인물들을 모아놓은 책을 만들었는데, 제목이 『국조인물고(國朝人物考)』입니다. 나라의 인물들을 모아 놓은 책이라는 뜻이지요. 또한 인물은 사람과 사물을 모두 뜻하는 말로도 사용됩니다.

성정(性情)은 '성품 성(性)' 자와 '뜻 정(情)' 자입니다. '성품 성(性)' 자

人 사람 인
人(사람인), 총 2획, 8급
人生 인생 : 사람이 세상을 살아가는 일.
人之常情 인지상정 : 사람이면 누구나 가지는 보통의 마음.
(예) 불쌍한 사람을 동정하는 것은 인지상정(人之常情)이다.

物 물건, 재물 물
牛(소우), 총 8획, 7급
萬物 만물 : 만 가지 물건. 즉, 세상에 있는 모든 것.
物慾 물욕 : 재물을 탐내는 마음.
(예) 물욕(物慾)에 눈이 멀다.

性 성품, 성별 성
忄(心)(심방변), 총 8획, 5급
性別 성별 : 남녀의 구분.
感受性 감수성 : 외부 세계의 자극을 느끼고 받아들이는 성품 또는 성질.

情 뜻, 정 정
忄(心)(심방변), 총 11획, 5급
情談 정담 : 다정한 이야기.
眞情 진정 : ① 진실된 뜻. ② 참되고 애틋한 정이나 마음.

는 사람이나 사물의 타고난 본성을 뜻합니다. '정(情)' 자에는 뜻이란 의미도 있고, 정이란 의미도 있습니다. 조선의 여류 시인 황진이(黃眞伊)의 시조 중에서 '보내고 그리는 정(情)은 나도 몰라하노라'라는 유명한 싯귀가 있습니다. 사람이 있으려 할 때는 보내고, 보내고 나서는 그리워하는 마음을 자신도 모르겠다는 뜻이지요.

조선 시대 화가 신윤복의 「미인도」예요. 사람들은 이 그림을 통해 황진이의 모습을 추측하곤 한답니다.

喜 怒 哀 樂
희 노 애 락

기뻐함과 성냄
그리고
슬픔과 즐거움

희로애락(喜怒哀樂)은 모두 인간의 감정과 관련된 글자입니다. 각각 '기쁠 희(喜)', '성낼 노(怒)', '슬플 애(哀)', '즐거울 락(樂)' 자입니다. 연극에는 희극(喜劇)과 비극(悲劇)이 있습니다. 희극은 우스운 내용의 재미있는 연극이고, 비극은 비참하거나 슬픈 내용의 연극입니다. 노(怒) 자는 성을 낸다는 뜻입니다. 성난 파도를 노도(怒濤)라고 하지요.

애(哀)는 슬프다는 뜻입니다. 사람의 죽음을 슬퍼하는 것을 애도(哀悼)라고 합니다. 락(樂)은 즐겁다는 뜻인데, 좋아한다는 뜻으로 쓸 때는 요(樂)라고 읽습니다. 공자는 『논어(論語)』에서 "지자요수(知者樂水)요,

喜 기쁠 희
口(입구), 총 12획, 4급
喜色 희색 : 기뻐하는 얼굴빛.
喜消息 희소식 : 기쁜 소식.
(예) 합격이라는 희소식(喜消息)이 날아들었다.

怒 성낼 로(노)
心(마음심), 총 9획, 무급수
怒氣 노기 : 성이 난 얼굴빛.
怒發大發 노발대발 : 몹시 화나 펄펄 뛰며 성을 냄.

哀 슬플 애
口(입구), 총 9획, 3급
哀乞 애걸 : 슬프게 하소연하여 빎.
哀痛 애통 : 몹시 슬퍼함.

樂 즐거울 락(낙) / 노래 악 / 좋아할 요
木(나무목), 총 15획, 6급
樂園 낙원 : 아무런 고통 없이 즐겁게 살 수 있는 곳.
音樂 음악 : 음악
樂山樂水 요산요수 : 자연을 좋아함.

인자요산(仁者樂山)."이라고 말했습니다. 지혜로운 사람은 물을 좋아하고 어진 사람은 산을 좋아한다는 말입니다.

여러분은 물이 좋으세요, 산이 좋으세요? 대개 젊었을 때는 물이 좋다가 나이가 좀 들면 산을 좋아하게 된답니다.

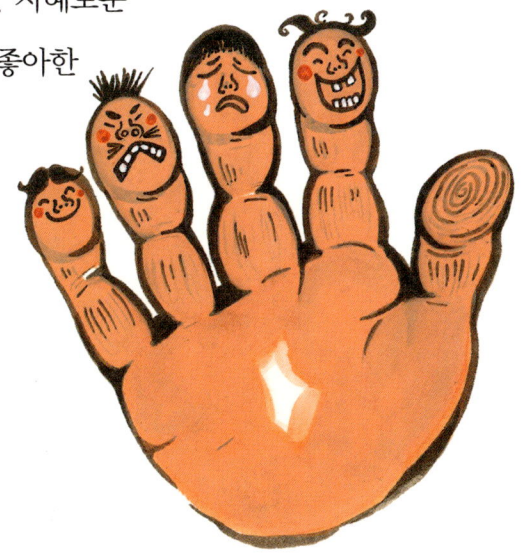

悲 歡 愛 憎
비 환 애 증

슬프고 기쁨
그리고
사랑하고 미워함

먼저 비환(悲歡)에 대해서 살펴볼까요. '슬플 비(悲)' 자와 '기뻐할 환(歡)' 자입니다. 슬픔과 기쁨을 아울러 이르는 말이지요. 비극으로 끝나는 이루어지지 못한 사랑을 비련(悲戀)이라고 하고, 다급할 때 지르는 소리를 비명(悲鳴)이라고 합니다. '기뻐할 환(歡)' 자에 대해서 알아볼까요? 몸과 마음이 함께 기뻐하는 것을 환희(歡喜)라고 합니다. 사람의 마음을 사는 것을 '환심(歡心)을 산다'라고 하지요. 기쁘게 맞는 것을 환영(歡迎)이라고 합니다.

애증(愛憎)은 모두 '마음 심(心)' 자를 부수로 사용하고 있습니다. 마음과 관련이 있는 글자들이라고 짐작할 수 있지요. '사랑 애(愛)' 자와

'미워할 증(憎)' 자 모두 마음과 관련이 있습니다. '사랑 애(愛)' 자는 갑골문에서 물에 빠진 사람을 구해 주는 모습으로 표현되어 있습니다. 사랑하는 사람을 애인(愛人)이라고 하고, 나라 사랑을 애국(愛國)이라고 하지요. 미워하는 마음은 증오(憎惡)라고 합니다. 사랑과 미움을 아울러 애증(愛憎)이라고 부릅니다.

2006년 독일월드컵 당시 우리나라 축구대표팀을 응원하며 기뻐하는 모습이에요.

책속 작은 사전

悲 슬플 비
心(마음심), 총 12획, 4급
悲歌 비가 : 슬픈 노래.
悲運 비운 : 슬픈 운수나 운명.

歡 기뻐할 환
欠(하품흠), 총 22획, 4급
歡聲 환성 : 기쁘고 반가워서 지르는 소리.
歡心 환심 : 기뻐하고 즐거워하는 마음.
(예) 선물로 그녀의 환심(歡心)을 사다.

愛 사랑 애
心(마음심), 총 13획, 6급
愛人 애인 : 사랑하는 사람.
愛用 애용 : 좋아하여 애착을 가지고 자주 사용함.

憎 미워할 증
忄(心)(마음심), 총 15획, 3급
憎惡 증오 : 미워하고 싫어함.
可憎 가증 : 보기에 괘씸하고 얄미움.
(예) 생각할수록 가증(可憎)스러운 일이다.

恩ᵉ 怨ᵂᵉⁿ 愁ˢᵘ 恨ʰᵃⁿ

은혜로움과 원망
그리고
근심과 한스러움

은원수한(恩怨愁恨)은 모두 '마음 심(忄=心)' 자를 부수로 사용하고 있습니다. 그렇다면 마음과 관련이 있는 글자들인지 살펴볼까요. 먼저 은원(恩怨)은 '은혜 은(恩)' 자와 '원망할 원(怨)' 자입니다. 은혜와 원한을 아울러 이르는 말입니다. 은혜를 베풀어 준 사람을 은인(恩人)이라고 하지요. 거꾸로 반대되는 사람을 원수(怨讐)라고 합니다. 모두 마음과 관련이 있지요.『법구경(法句經)』에 '사랑하는 사람을 갖지 말라. 미워하는 사람을 갖지 말라. 사랑하는 사람은 못 만나 괴롭고, 미워하는 사람은 만나서 괴롭다.'는 말이 있습니다. 모든 괴로움은 마음속에 있다는 뜻입니다.

근심하며 원망하는 것을 '수한(愁恨)'이라고 합니다. 역시 모두 '마음 심(忄=心)' 자를 부수로 사용하고 있습니다. '근심 수(愁)' 자와 '한할 한(恨)' 자이지요. 근심하는 마음을 수심(愁心)이라고 하고, 근심하는 얼굴빛을 수색(愁色)이라고 합니다. 그리고 원통해 하는 것을 한탄(恨歎)한다고 말합니다.

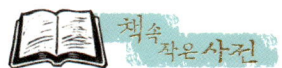

恩 은혜 은
心(마음심), 총 10획, 4급
恩功 은공 : 은혜와 공로를 아울러 이르는 말.
報恩 보은 : 은혜를 갚음.
(예) 스승에게 보은(報恩)하기 위해 더욱 열심히 공부하였다.

愁 근심 수
心(마음심), 총 13획, 3급
愁心 수심 : 근심하는 마음.
鄕愁 향수 : 고향을 그리워하는 시름이나 마음.

恨 한할, 한 한
忄(心)(마음심), 총 9획, 4급
恨歎 한탄 : 한스러워 하며 탄식함.
痛恨 통한 : 아플 만큼 몹시 원통해 함.

怨 원망할 원
心(마음심), 총 9획, 4급
怨望 원망 : 못마땅하게 여겨 탓하거나 불평을 품고 미워함.
宿怨 숙원 : 오랫동안 품고 있는 원한.
(예) 숙원(宿怨)을 품은 채 눈을 감다.

勇용 怯겁 鬪투 爭쟁

날래고 겁냄
그리고
싸우고 다툼

　용겁(勇怯)은 서로 반대되는 의미의 글자를 모은 단어입니다. 용(勇) 자의 부수는 '힘 력(力)'이고, 겁(怯) 자의 부수는 '마음 심(忄=心)'입니다. 용(勇) 자는 날래다는 뜻이고, 겁(怯) 자는 겁을 낸다는 뜻이지요. 왜 부수가 각각 '힘 력(力)'과 '마음 심(心)'인지 짐작이 가지요? 씩씩한 힘을 용력(勇力)이라고 합니다.

　투쟁(鬪爭)에 대해서 살펴볼까요. '싸울 투(鬪)' 자는 부수도 '싸울 투(鬥)'입니다. 갑골문에서 투(鬥) 자는 두 사람이 서로 주먹을 쥐고 싸우는 모습을 그린 것입니다. 왜 '싸울 투(鬥)' 자가 되었는지 금방 알 수 있겠지요. 투(鬪) 자를 부수로 사용하는 글자들은 대개 싸움과 관련이 있습니다. '다툴 쟁(爭)' 자는 갑골문에서 창 하나를 가지고 두 사람이 서로 빼앗으려고 다투는 모습이 그려져 있습니다. 이 역시 왜 '다툴 쟁(爭)'이 되었는지 알 수 있겠지요.

인류의 역사는 투쟁의 역사이기도 합니다. 자연(自然)에 대한 인간(人間)의 투쟁은 지금까지도 계속되고 있습니다. 또 사람과 사람, 집단과 집단 사이의 투쟁으로 전쟁(戰爭)이 일어나기도 하지요.

勇 날랠 **용**
力(힘력), 총 9획, 6급
勇氣 용기 : 씩씩하고 굳센 기운.
勇名 용명 : 용감하다는 명성.
(예) 장군의 용명(勇名)이 사방에 널리 퍼졌다.

怯 겁낼 **겁**
忄(心)(심방변), 총 8획, 1급
怯夫 겁부 : 겁 많은 남자.
卑怯 비겁 : 비열하고 겁이 많음.
(예) 비겁(卑怯)한 승리보다는 정당한 패배가 낫다.

鬪 싸울 **투**
鬥(싸울투), 총 20획, 4급
鬪病 투병 : 병을 고치려고 병과 싸움.
健鬪 건투 : 의지를 굽히지 않고 씩씩하게 잘 싸움.

爭 다툴 **쟁**
爫(爪)(손톱조), 총 8획, 5급
競爭 경쟁 : 이기거나 앞서려고 서로 겨룸.
戰爭 전쟁 : 무력을 사용하여 다툼.

狂 광 暴 폭 酷 혹 毒 독

미치고 사나움
그리고
모질고 독함

　광폭(狂暴)은 광포(狂暴)라고도 읽습니다. 미쳐 날뛰듯이 매우 거칠고 사나운 것을 뜻합니다. '미칠 광(狂)' 자의 부수는 '개 견(犭=犬)'입니다. 흔히 미친개라고 표현하는 데서 '미칠 광(狂)' 자가 생겨난 것이지요. 폭(暴) 자에 대해서 살펴볼까요. 말로 하지 않고 주먹 등으로 제압하려는 것을 폭력(暴力)을 쓴다라고 말하고, 난폭한 정치를 폭정(暴政)이라고 합니다. '폭'은 '포'로도 읽습니다. 사납고 악한 사람을 포악(暴惡)하다고 하지요.

　혹독(酷毒)에 대해서 알아볼까요. '모질 혹(酷)' 자와 '독 독(毒)' 자입니다. 하는 짓이 몹시 모질고 악한 것을 혹독하다고 합니다. '모질 혹

狂 미칠 **광**
犭(犬)(개사슴록변), 총 7획, 3급
狂風 광풍 : 맹렬하게 부는 바람.
發狂 발광 : 미친 듯이 격하게 행동함.

暴 사나울 **폭** / 모질 **포**
日(날일), 총 15획, 4급
暴雪 폭설 : 갑자기 많이 내리는 눈.
暴惡 포악 : 사납고 악함.

酷 모질, 독할 **혹**
酉(닭유), 총 14획, 2급
苛酷 가혹 : 몹시 모질고 독함.
酷評 혹평 : 가혹하게 비평함.
(예) 비평가들은 그 작품을 졸작이라고 혹평(酷評)했다.

毒 독 **독**
毋(말무), 총 8획, 4급
毒性 독성 : 독한 성질.
毒舌 독설 : 독한 혀. 즉, 남을 해치는 독한 말. (예) 그녀는 독설(毒舌)을 퍼부었다.

(酷)' 자의 부수는 '닭 유(酉)'인데 술을 뜻하기도 합니다. 그래서 혹(酷) 자에는 술이 독하다는 뜻도 있습니다. 아주 더운 것을 혹서(酷暑)라고 표현합니다. '더울 서(暑)' 자를 쓰지요.

謹嚴 弘裕
근 엄 홍 유

삼가고 엄함
그리고
크고 넉넉함

근엄(謹嚴)은 점잖고 엄숙하다는 뜻입니다. '삼갈 근(謹)' 자와 '엄할 엄(嚴)' 자입니다. '삼갈 근(謹)' 자의 부수는 '말씀 언(言)'이고, '엄할 엄(嚴)' 자의 부수는 '입 구(口)'입니다. 모두 말과 관련이 있는 부수들이지요. 그만큼 말을 할 때 삼가고 엄해야 한다는 뜻에서 이런 부수를 사용한 것입니다. 언행을 조심하는 것을 근신(謹愼)이라고 합니다. 또 명령이나 약속을 꼭 지키는 것을 엄수(嚴守)라고 하지요.

'클 홍(弘)' 자나 '넉넉할 유(裕)' 자는 뜻이 비슷한 글자들입니다. 우리나라 국조(國祖)인 단군(檀君)의 개국이념이 홍익인간(弘益人間)입니다. '널리 인간을 이롭게 한다'는 뜻이지요. 이런 개국이념을 가진 나라는 고조선밖에 없었습니다. 자부심을 가질 만합니다. 한편 살림이 넉넉한 것을 유복(裕福)하다고 합니다.

강화도 마니산 정상에 있는 참성단이에요. 단군이 하늘에 제사를 지내던 곳이라고 전해집니다.

謹 삼갈 근
言(말씀언), 총 18획, 3급
謹賀 근하 : 삼가 축하함.
謹愼 근신 : 말과 행동을 삼가고 조심함. (예) 그는 조용히 근신(謹愼)하였다.

嚴 엄할 엄
口(입구), 총 20획, 4급
嚴重 엄중 : 몹시 엄함.
嚴親 엄친 : 바깥부모. 즉, 아버지.
(예) 지금 엄친(嚴親)을 뵙고 오는 길이다.

弘 클 홍
弓(활궁), 총 5획, 3급
弘益 홍익 : 큰 이익. 즉, 널리 이롭게 함.
弘量 홍량 : ① 넓은 도량. ② 많은 양의 술.

裕 넉넉할 유
衤(옷의), 총 12획, 3급
裕福 유복 : 살림이 넉넉함.
(예) 유복(裕福)한 어린 시절을 보내다.
餘裕 여유 : 넉넉하여 남음이 있는 상태.

勤勉貞淑
근 면 정 숙

부지런하게 힘씀
그리고
곱고 맑음

근면(勤勉)이라는 말을 많이 들어봤지요? 부지런히 일하며 힘쓰는 것을 이르는 말입니다. '부지런할 근(勤)' 자와 '힘쓸 면(勉)' 자인데, 모두 '힘 력(力)' 자를 부수로 사용합니다. 업무에 종사하는 것을 근무(勤務)라고 합니다. 또 힘써 공부하는 것을 면학(勉學)이라고 하지요. 근면성(勤勉性)은 부지런한 성품입니다. 어떤 일을 성취하려면 근면해야 합니다. 정약용 선생님이 존경했던 성호(星湖) 이익(李瀷) 선생님은 근면과 검소(儉素)를 강조하셨습니다. 근면한 사람은 인생에서 실패하지 않는다고 생각하셨지요. 근면의 반대말은 태만(怠慢), 즉 게으르다는 뜻입니다.

정숙(貞淑)은 '곧을 정(貞)' 자와 '맑을 숙(淑)' 자입니다. 여자의 행실이 곧고, 마음씨가 맑고 고운 것을 정숙이라고 합니다. 여성의 이름 중에 정숙이 많은 것은 이런 뜻 때문이지요.

1627년 조선 인조 임금때 세워진 충신 열녀문이에요. 현재 경기도 양평군에 있답니다.

勤 부지런할 근
力(힘력), 총 13획, 4급
勤勞 근로 : 부지런히 일함.
勤儉 근검 : 부지런하고 검소함.
(예) 근검(勤儉)을 생활신조로 삼다.

勉 힘쓸 면
力(힘력), 총 9획, 4급
勉學 면학 : 학문에 힘씀.
勸勉 권면 : 알아듣도록 권하여 힘쓰게 함.
(예) 학생들에게 독서를 권면(勸勉)하다.

貞 곧을 정
貝(조개패), 총 9획, 3급
貞直 정직 : 마음이 바르고 곧음.
忠貞 충정 : 충성스럽고 절개가 곧음.

淑 맑을 숙
氵(水)(삼수변), 총 11획, 3급
淑女 숙녀 : 정숙한 여자. 교양과 예의를 갖춘 여자.
賢淑 현숙 : 여자의 마음이 현명하고 맑음.

 번쩍 한자 이야기

목민관 정약용 선생님

다산 정약용 선생님은 정조 21년(1797) 황해도 곡산 지방을 다스리는 지방관으로 임명됩니다. 당시 지방관을 목민관(牧民官)이라고 불렀는데, 이는 소나 양을 기르는 목동(牧童)처럼 백성을 돌보는 관리라는 뜻이었지요.

이 무렵 곡산에는 큰 사건이 있었습니다. 조선 시대에는 백성들에게 병역 의무를 수행하게 하는 대신 군포(軍布)를 거두었는데, 곡산에서 규정보다 네 배가 넘는 양이 부과되었던 것입니다. 그래서 이계심이라는 백성이 관아(官衙)에 가서 항의하다 폭동을 일으키려 했다는 누명을 쓰고 도주한 것이지요.

정약용 선생님이 곡산에 들어가자 누군가 뛰어나와 행차를 가로막았습니

다. 바로 이계심이었는데, 그의 손에는 호소문이 들려 있습니다. 관아에 도착한 정약용 선생님은 이계심을 불러 그간의 사정을 들었습니다. 곡산 백성들은 아무리 정약용이라도 조정 대신들이 죽여야 한다고 주장한 이계심을 용서할 수 없다고 생각했습니다. 그러나 정약용 선생님은 달랐습니다.

"한 고을에 모름지기 너 같은 사람이 있어서 형벌이나 죽음을 두려워하지 않고 만백성을 위해 그들의 어려움을 대신 호소했구나. 천금은 얻을 수 있을지언정 너 같은 사람은 얻기가 어렵다. 오늘 너를 무죄로 석방하겠다."

이계심을 무죄로 석방하자 곡산 사람들은 믿을 수 없는 일이 벌어졌다면서 깜짝 놀랐습니다. 뿐만 아니었습니다. 정약용 선생님은 고을 백성들의 집과 가족관계, 생활수준 등을 기록한 책자로 세금 부과의 기준이 되는 가좌책자(家坐冊子)를 새로 만들게 했습니다. 이를 토대로 가난한 백성에게 규정보다 많은 세금이 부과되면 정약용 선생님은 당장 담당 아전을 불러 혼을 내었습니다.

"아무개는 홀아비인데다 병신인데 어떻게 군포(軍布)를 낸다는 말이냐?"

이런 일이 몇 번 반복되자 아전들은 더 이상 가난한 백성들을 쥐어짜 낼 수 없게 되었지요. 정약용 선생님은 백성들의 아픔을 어루만진 명 목민관이었고, 이런 경험을 토대로 『목민심서(牧民心書)』를 썼던 것입니다.

5장
움직임을 표현하는 한자

노래하고 춤추고, 달리고 숨쉬고,
우리는 항상 움직이고 있어요.
살아있다는 것은 늘 움직이며 변하는 거랍니다.
이런 움직임을 한자로 어떻게 쓸지 알아보아요.

唱_창 歌_가 蹈_도 舞_무

노래를 부름
그리고
춤을 춤

춤추는 모습을 그린 고구려 무용총 벽화(일부)예요.

창가(唱歌)는 노래에 관한 단어이고, 도무(蹈舞)는 춤에 관한 단어입니다. 창(唱) 자는 '입 구(口)', '말할 왈(曰)', '해 일(日)' 자가 합쳐진 글자입니다. 사람이 해를 향해서 노래하는 것을 그린 것이지요. '부를 창(唱)' 자와 '노래 가(歌)' 자가 합쳐진 말이니 창가는 '노래를 부르다'라는 뜻이 됩니다.

그런데 우리나라에서 창가는 1894년 갑오개혁 이후에 서양 악곡의 형식을 빌려 새롭게 만들어진 간단한 노래를 뜻하기도 합니다. 최남선 선생이 지은 「철도가」라는 창가를 보면 재미있습니다.

"우렁차게 토하는 기적 소리에 / 남대문을 등지고 떠나 나가서 / 빨리 부는 바람의 형세 같으니 / 날개 가진 새라도 못 따르겠네."

도무(蹈舞)의 도(蹈) 자는 밟는다는 뜻도 있고, 춤추다는 뜻도 있습니다. 무(舞) 자도 춤, 또는 춤추다라는 뜻입니다. 도무를 거꾸로 쓰면 무도(舞蹈)인데, 마찬가지로 춤추다라는 뜻이 됩니다. 가면무도회(假面舞蹈會)라는 말 들어 봤지요.

책속 작은 사전

唱 부를, 인도할 **창**
口(입구), 총 11획, 5급
唱法 창법 : 노래 부르는 방법.
愛唱 애창 : 노래를 즐겨 부름.
(예) 지금 부르는 노래가 그녀의 애창곡(愛唱曲)이다.

歌 노래 **가**
欠(하품흠), 총 14획, 7급
歌詞 가사 : 노래의 내용이 되는 글.
祝歌 축가 : 축하의 뜻을 담은 노래.

蹈 밟을, 춤출 **도**
足(발족), 총 17획, 1급
蹈義 도의 : 의로운 길을 걸음.
蹈火 도화 : 불을 밟음. 즉 위험한 일을 한다는 말.

舞 춤출 **무**
舛(어그러질천), 총 14획, 4급
舞姬 무희 : 춤을 잘 추는 여자.
群舞 군무 : 여러 사람이 무리를 지어 춤을 춤.

觀 망 省 성 顧 고

바라봄
그리고
살핌과 돌아봄

관(觀) 자는 보다는 뜻입니다. 관(觀) 자는 '황새 관(雚)' 자와 '볼 견(見)' 자가 합쳐진 글자입니다. 관(雚) 자는 황새라는 뜻도 있고 부엉이라는 뜻도 있습니다. 부엉이 같은 새들이 동정을 살핀다는 뜻의 글자가 '볼 관(觀)' 자입니다. '바랄 망(望)' 자에는 '망할 망(亡)' 자와 '달 월(月)' 자가 있지요. 집이 망해 떠도는 사람이 달을 보며 집을 그리워한다는 뜻이 담겨 있습니다. 관망(觀望)은 무엇을 바라본다는 뜻입니다. 두 세력이 싸울 때 누가 이기는지 지켜보는 것도 관망이라고 한답니다.

'살필 성(省)' 자에는 반성한다는 뜻이 담겨 있습니다. 공자의 제자인 증자는 하루에 세 번 반성했다고 전해지지요. '돌아볼 고(顧)' 자는 '품 살 고(雇)' 자와 '머리 혈(頁)' 자가 합쳐진 글자입니다. 고(雇) 자는 남의 집에 들어가 노동력을 팔며 산다는 뜻도 있지만, 농사일이 한가해지는 시기에 날아오는 철새라는 뜻도 있습니다. 여기에 혈(頁) 자는 머리라는 뜻이므로 고(顧) 자는 머리를 돌려 철새가 오는지 바라본다는 의미가 되는 것이지요. 그래서 '돌아볼 고(顧)' 자가 된 것입니다.

觀 볼, 생각 **관**
見(볼견), 총 25획, 5급
觀客 관객 : 공연 따위를 구경하는 사람.
人生觀 인생관 : 인생의 의의, 가치 따위에 대한 생각이나 견해.

望 바랄, 원망할 **망**
月(달월), 총 11획, 5급
望雲之情 망운지정 : 달을 바라보는 마음. 즉, 고향에 있는 부모를 생각하는 마음.
怨望 원망 : 못마땅하게 여겨 탓하거나 미워함.

省 살필 **성** / 덜 **생**
目(눈목), 총 9획, 6급
反省 반성 : 자신의 말과 행동을 돌이켜 봄. (예) 과거의 잘못에 대한 반성(反省).
省略 생략 : 전체에서 일부를 줄이거나 뺌.

顧 돌아볼 **고**
頁(머리혈), 총 21획, 3급
顧客 고객 : 물건을 사기 위해 돌아보는 손님.
(예) 가게에 고객(顧客)이 늘었다.
回顧 회고 : 돌이켜 생각해 봄.

吞탄 吐토 噓허 吸흡

삼키고 토해냄
그리고
불고 마심

　　　　　탄토허흡(吞吐噓吸)의 각 낱말을 보면 공통된 글자가 있습니다. 어떤 글자인지 찾아볼 수 있겠지요? 그렇습니다. 모두 '입 구(口)' 자가 들어 있지요. 네 자는 모두 '입 구(口)' 자를 부수로 사용하고 있습니다. '입 구(口)' 자를 부수로 사용했다면 무언가 입과 관련이 있는 글자라고 짐작할 수 있겠지요. 탄토(吞吐)는 '삼킬 탄 (吞)'과 '토할 토(吐)'입니다. 삼키고 뱉어 낸다는 뜻이지요. 알약이나 가루약 따위를 삼키는 것을 탄하(吞下)라고 합니다. 반대로 음식을 잘못 먹어 토하고 설사하는 것을 토사(吐瀉)라고 하지요.

허흡(噓吸)은 '불 허(噓)' 자와 '숨 들이쉴 흡(吸)' 자가 합쳐진 글자입니다. 숨을 불거나 들이쉬는 것을 뜻하는 것이지요. 숨을 쉬는 것을 호흡(呼吸)이라고 합니다.

吞 삼킬 **탄**
口(입구), 총 7획, 1급
吞聲 탄성 : 소리를 삼킴.

噓 불 **허**
口(입구), 총 15획, 1급
噓風扇 허풍선 : 숯불을 불어 일으키는 손 풀무. 허풍선이.

吸 숨 들이쉴, 마실 **흡**
口(입구), 총 7획, 4급.
吸引 흡인 : 끌어당겨서 마심. 빨아들이는 힘.
呼吸 호흡 : 숨을 내쉬고 들이쉼.

吐 토할 **토**
口(입구), 총 6획, 3급.
吐露 토로 : 이슬을 토함. 즉 마음에 있는 것을 다 드러냄.
(예) 불만을 토로(吐露)하다.
吐瀉 토사 : 토하고 설사함. (예) 상한 음식 탓인지, 밤새 토사(吐瀉)가 끊이지 않았다.

見견 聞문 聰총 察찰

보고 들음
그리고
귀 밝게 살펴봄

견문(見聞)은 보고 듣는다는 뜻입니다. '볼 견(見)' 자와 '들을 문(聞)' 자를 합친 단어이지요. '볼 견(見)' 자는 '눈 목(目)' 자와 '사람 인(人)' 자가 합쳐진 글자입니다. 사람이 본다는 뜻입니다. '들을 문(聞)' 자는 '문 문(門)' 자와 '귀 이(耳)' 자가 합쳐진 글자인데, 무슨 뜻일까요? 문에다 귀를 대고 듣는 모습을 표현한 것입니다. '견문이 넓다'는 말은 보고 들은 것이 많다는 의미이지요.

총(聰) 자의 부수는 무엇일까요? '귀 이(耳)' 자입니다. 그래서 '귀 밝을 총(聰)' 자가 된 것이지요. '살필 찰(察)' 자는 집을 나타내는 '갓머리(宀)' 자와 '제사 제(祭)' 자가 합쳐진 글자입니다. 무슨 뜻일까요? 제사를 정성껏 지내면 혼령이 집안을 살펴봐 준다는 뜻입니다. 총찰(聰察)에는 슬기롭고 영리해서 사물의 진실을 잘 꿰뚫어 본다는 의미가 있습니다.

見 볼 견 / 뵈올 현
見(볼견), 총 7획, 5급.
見學 견학 : 실제로 보고 학습함.
謁見 알현 : 지체가 높고 귀한 사람을 찾아가 뵘.
(예) 교황을 알현(謁見)하다.

聞 들을, 냄새 맡을 문
耳(귀이), 총 14획, 6급.
前代未聞 전대미문 : 이제까지 들어본 적이 없는 일.
(예) 전대미문(前代未聞)의 대기록.
聞香 문향 : 향내를 맡음.

聰 귀밝을, 총명할 총
耳(귀이), 총 17획, 3급.
聰氣 총기 : 총명한 기질.
聰明 총명 : 슬기롭고 도리에 밝음.

察 살필 찰
宀(갓머리), 총 14획, 4급.
察色 찰색 : 얼굴색을 살핌.
察知 찰지 : 두루 살펴 앎.

戱희 笑소 歎탄 哭곡

놀고 웃음
그리고
탄식하고 욺

우리나라 탈춤의 한 장면이에요.

희(戱)는 논다는 뜻입니다. 그리고 연극하다라는 뜻도 있습니다. 연극 대본을 무엇이라고 할까요? 희곡(戱曲)이라고 하지요. 희곡은 또 연극 자체를 뜻하기도 합니다. '웃을 소(笑)' 자는 왠지 사람이 웃는 모습을 그린 것처럼 보이지요. 소담(笑談)은 웃으면서 이야기한다는 뜻입니다. 담소(談笑)라고 거꾸로 써도 마찬가지입니다. 희소(戱笑)는 놀면서 웃는다는 의미입니다. 즐겁게 연극하면서 웃는 것을 말하지요.

탄(歎)은 탄식한다는 뜻입니다. '자신의 신세를 한탄(恨歎)하다'라는 말 들어 봤나요? 한숨 쉬면서 탄식한다는 뜻입니다. '울 곡(哭)' 자를 한 번 볼까요? 부수는 '입 구(口)'입니다. 무언가 입과 관련이 있는 글자라는 것을 짐작할 수 있지요. 그것도 '입 구(口)' 자가 두 개나 있고, 그 아래 '개 견(犬)' 자가 있습니다. 개 여러 마리가 크게 짖는 것을 나타낸 글자이지요. 그래서 '울 곡(哭)' 자가 된 것입니다. 상가집에서 우는 것을 곡한다고 합니다. 탄곡(歎哭)은 탄식하고 운다는 뜻입니다. 희소와 반대의 뜻임을 알 수 있지요.

우리나라 원각사에서 공연되던 전통 연극인 창극을 재현한 모습(모형)이에요.

戱 놀다 **희**
戈(창과), 총 17획, 3급
戱劇 희극 : 익살을 부려 웃기는 장면이 많은 연극.
遊戱 유희 : 즐겁게 놀며 장난함.
(예) 가족들과 유희(遊戱)를 즐기다.

笑 웃을 **소**
竹(대죽), 총 10획, 4급
冷笑 냉소 : 차가운 태도로 웃음.
(예) 입가에 냉소가 흐르다.
笑中刀 소중도 : 겉으로는 웃지만, 마음속에는 칼을 품은 음흉한 사람을 가리킴.

歎 탄식할 **탄**
欠(하품흠), 총 15획, 4급
歎息 탄식 : 탄식하며 한숨을 쉼.
感歎 감탄 : 마음속 깊이 느끼어 탄복함.

哭 울 **곡**
口(입구), 총 10획, 3급
哭聲 곡성 : 슬피 우는 소리.
痛哭 통곡 : 아플 정도로 소리를 높여 슬피 욺.

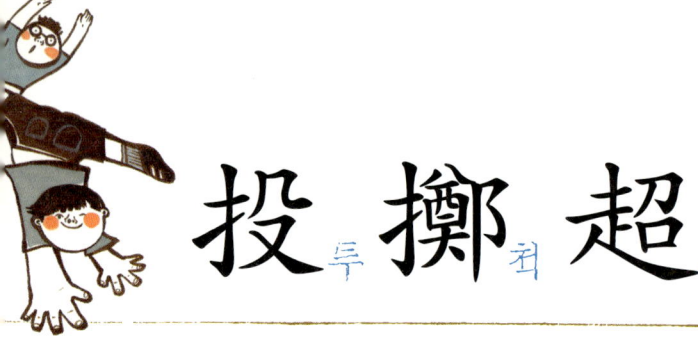

投_투 擲_척 超_초 越_월

던짐
그리고
뛰어넘음

투척(投擲)은 던진다는 뜻입니다. '던질 투(投)' 자와 '던질 척(擲)' 자가 합쳐진 글자입니다. 이제 투척의 부수를 찾을 수 있는 정도의 실력은 생겼지요? 투척은 모두 '손 수 (手=扌)' 자를 부수로 사용하는 글자들입니다. '던질 투(投)' 자는 '손 수(扌)'와 '창 수(殳)'의 합자(合字)입니다. '창 수(殳)' 자는 고대 전쟁 무기인 창을 뜻합니다. 두 글자가 합쳐져서 손으로 창을 던진다는 뜻의 글자가 된 것이지요. '척(擲)' 자도 역시 '손 수(扌)' 자가 부수로서 던진다는 뜻입니다.

초월(超越)도 서로 같은 부수를 사용합니다. '달릴 주(走)' 자가 공통 부수이지요. '달릴 주(走)' 자가 부수라니까 벌써 의미의 반쯤은 알게 된

投 던질 **투**
扌(手)(재방변), 총 7획, 4급
投入 투입 : 던져 넣음.
投稿 투고 : 원고를 던짐. 즉, 부탁 받지 않은 사람이 원고를 실어 달라고 보냄.

擲 던질 **척**
扌(手)(재방변), 총 18획, 1급
擲柶 척사 : 윷. 윷놀이.
擲殺 척살 : 내던져 죽임.

超 뛰어넘을 **초**
走(달릴 주), 총 12획, 3급
超過 초과 : 일정한 수나 한도 따위를 넘음.
超人 초인 : 보통 사람으로는 생각할 수 없을 만큼 뛰어난 능력을 가진 사람.

越 뛰어넘을 **월**
走(달릴 주), 총 12획, 3급
越江 월강 : 강을 건넘.
越權 월권 : 자신의 권한을 넘는 행위.

것 같지요? 초(超) 자나 월(越) 자 모두 뛰어넘는다는 의미를 갖고 있습니다. "저 아이의 한문 실력은 또래 학생들을 초월한다."라는 말을 들을 정도로 열심히 배워야 합니다.

손에 창을 들고 말을 달리는 고구려 장수예요. 안악3호분 벽화의 일부랍니다.

坐 좌 立 립 臥 와 伏 복

앉음과 섬
그리고
누움과 엎드림

좌립와복(坐立臥伏)은 각각 사람 몸의 움직이는 상태를 나타내는 말입니다. '앉을 좌(坐)' 자를 살펴볼까요? 좌(坐) 자를 분석해 보면 부수인 '흙 토(土)' 자 위에 사람(人)이 두 명 있는 모습이지요. 사람이 흙 위에 앉아 있는 것을 표현한 글자입니다. '설 립(立)' 자도 사람이 정면으로 서 있는 모습을 그린 것입니다. 좌립(坐立)은 앉거나 선다는 뜻입니다.

大 大 立 立

'누울 와(臥)' 자는 원래 책상에 사람이 엎드려 자는 것을 그린 글자였습니다. 신하 신(臣)과 사람 人(인)이 합쳐졌으니, 임금님 앞에서 신하가 엎드린다는 뜻으로 외워도 됩니다. 와(臥) 자에는 눕다는 뜻도 있습니다. 와룡(臥龍)이라는 말 들어 봤지요? '엎드릴 복(伏)' 자도 재미있는 글자입니다. '사람 인(亻=人)'과 '개 견(犬)' 자가 합쳐졌습니다. 개가 사람 옆에 엎드려서 지켜 준다는 글자이지요. 들에서 잠자고 있는 주인 옆에 엎드려 주인을 지키는 개를 상상하면 멋있지 않습니까? 우리나라에는 오수리(獒樹里)의 개 이야기가 유명합니다.

坐 앉을 좌
土(흙토), 총 7획, 3급
坐井觀天 좌정관천 : 우물 속에 앉아 하늘을 봄. 즉, 견문이 짧음.
坐視 좌시 : 참견하지 않고 앉아서 보기만 함. (예) 그 꼴만은 좌시(坐視)할 수 없소!

立 설 립(입)
立(설립), 총 5획, 7급
立身揚名 입신양명 : 세상에 몸을 세움. 즉, 출세하여 이름을 세상에 떨침.
創立 창립 : 기관이나 단체 따위를 새로 세움.

臥 엎드릴, 누울 와
臣(신하신), 총 8획, 3급
臥病 와병 : 병으로 드러누움.
臥龍 와룡 : 누워 있는 용이란 뜻으로, 때를 만나지 못해 출세하지 못한 사람을 이름.

伏 엎드릴, 숨길 복
亻(人)(사람인), 총 6획, 4급
屈伏 굴복 : 머리를 숙이고 꿇어 엎드림. (예) 왕 앞에 굴복(屈伏)하고 빌다.
伏線 복선 : ① 남모르게 꾸며 놓은 일. ② 소설 따위에서 사건을 미리 암시하는 서술.

進退起居
진 퇴 기 거

나아감과 물러남
그리고
기거함

진퇴(進退)는 같은 부수를 사용하는 글자입니다. '달릴 착(辶=辵)' 자가 부수로 사용된 글자들이지요. 모두 달리다라는 의미가 있으니 무언가 빨리 움직이는 모습을 표시하는 글자들이라고 짐작할 수 있습니다. 진(進) 자는 나아가다라는 뜻이고, 퇴(退) 자는 물러나다라는 뜻입니다. 어떤 사람이 머뭇머뭇하며 태도가 분명하지 않을 때 '진퇴를 분명히 하라'고 요구합니다. 나갈 것인지 물러날 것인지를 분명히 하라는 말이지요.

기(起) 자를 분석해 볼까요? '달릴 주(走)' 자와 '자기 기(己)' 자가 합쳐진 글자지요. 기(己) 자는 사람이 앉은 모습을 나타냅니다. 그래서 기

(起) 자는 앉아 있던 사람이 일어나서 가려는 모습을 의미하는 '일어설 기(起)' 자가 된 것이지요. '살 거(居)' 자를 살펴볼까요? 이 자의 부수는 '주검 시(尸)' 자인데, 옛날에는 '집 호(戶)' 자와 같은 의미로 사용되었습니다. 시(尸) 자 안에 '옛 고(古)' 자가 있지요. 그래서 거(居) 자는 오래 전부터 살던 집이라는 뜻이 생겼고, '살 거(居)' 자가 된 것이지요.

進 나아갈 **진**
辶(책받침;달릴 착), 총 12획, 4급
進度 진도 : 나아가는 정도.
急進 급진 : 급히 서둘러 나아감.

起 일어날 **기**
走(달아날주), 총 10획, 4급
再起 재기 : 다시 일어섬.
起居 기거 : 일정한 곳에서 먹고 자고 하는 생활. (예) 사랑채에 손님이 기거(起居)하다.

居 살 **거**
尸(주검시), 총 8획, 4급
居住 거주 : 일정한 곳에 머물러 삶.
同居 동거 : 한 집이나 한 방에서 같이 삶.

退 물러날 **퇴**
辶(책받침), 총 10획, 4급
退步 퇴보 : 뒤로 물러남. 즉, 정도나 수준이 이전보다 못함.
勇退 용퇴 : 용기 있게 물러남. (예) 후진을 위한 용퇴(勇退)라는 평가를 받았다.

안동 하회 마을의 양반집입니다. 이렇게 오래된 집을 고택이라고 부르지요.

疾病痛症
질 병 통 증

온갖 병
그리고
아픈 증세

질병통증(疾病痛症)도 모두 같은 부수를 사용하는 글자입니다. 찾아보세요. 疒 자인줄은 알겠는데 疒 자가 무슨 뜻인지 모르겠다고요? 疒 자는 '병들어 누울 녁(疒)' 자입니다. 한자에서 '병들어 누울 녁(疒)' 자를 부수로 사용하는 글자는 모두 병과 관련이 있다고 생각하면 됩니다. '병 질(疾)' 자는 재미있는 글자입니다. 녁(疒) 자 속에 들어 있는 글자가 무슨 글자입니까? '화살 시(矢)' 자이지요. 즉, 화살에 맞은 모양을 나타내는 글자입니다. 화살에 맞았으니 병이 난 것이지요.

통증(痛症)은 아픈 증세를 나타내는 말입니다. '아플 통(痛)' 자와 '증세 증(症)' 자가 합쳐서 말 그대로 '아픈 증세'라는 뜻입니다. 정약용 선생님은 경상도 장기로 귀양갔다가 『촌병혹치(村病或治)』라는 의학책을 쓰셨습니다. 선생님은 책의 머리말에 "잘만 사용하면 한 사람의 목숨을 살릴 수 있을 것이다."라고 쓰셨는데, 이 책은 자주 걸리지만 치료법이 제대로 알려져 있지 않은 여러 병에 대한 처방을 모아 놓은 의서였습니다. 정약용 선생님은 의사이기도 했던 것이지요.

疾 병, 빨리 **질**
疒(병질엄), 총 10획, 3급
痼疾 고질 : 오랫동안 앓고 있어 고치기 어려운 병.
疾走 질주 : 빨리 달림.
(예) 다리 위로 수많은 차들이 질주(疾走)하고 있다.

病 병 **병**
疒(병질엄), 총 10획, 6급
病弱 병약 : 병에 시달려 몸이 약함.
看病 간병 : 앓는 사람 곁에서 돌보고 시중을 듦.

痛 아플, 몹시 **통**
疒(병질엄), 총 12획, 4급
苦痛 고통 : 몸이나 마음의 괴로움과 아픔.
痛快 통쾌 : 마음이 몹시 상쾌함.

症 증세 **증**
疒(병질엄), 총 10획, 3급
症狀 증상 : 병으로 앓는 여러 가지 모양.
不眠症 불면증 : 잠을 못 이루는 증세.
(예) 그녀는 심한 불면증(不眠症)에 시달린다.

開閉出入
개폐출입

열고 닫음
그리고
나가고 들어옴

개폐(開閉)와 출입(出入)도 서로 반대되는 글자끼리 모은 것입니다. 먼저 개폐에 대해서 살펴볼까요? 고문(古文:옛날 글자)에 개(開) 자는 두 손으로 문을 여는 모습을 나타낸 것입니다. 가게 문을 처음 열고 영업을 시작하는 것을 무엇이라고 할까요? 개업(開業)이라고 합니다. 폐(閉) 자는 반대로 문에 빗장을 거는 모습을 그린 것입니다. 가게문을 닫고 영업을 그만두는 것을 폐업(閉業)이라고 하지요. 개폐는 문을 열고 닫는 것을 나타내는 말입니다.

출입은 드나드는 것을 말합니다. '날 출(出)' 자와 '들 입(入)'자 이지요. 학교에 가면 선생님이 출석(出席)을 부릅니다. 또 선거에 나가는 것

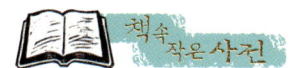

開 열 **개**
門(문문), 총 12획, 6급
開學 개학 : 학교 수업을 시작함.
展開 전개 : 펼쳐서 엶. (예) 새로운 세계가 전개(展開)되었다.

閉 닫을 **폐**
門(문문), 총 11획, 4급
閉講 폐강 : 있던 강좌나 강의가 폐지됨.
閉鎖 폐쇄 : 문을 닫고 자물쇠를 채움. (예) 출입구를 폐쇄(閉鎖)하다.

出 날 **출**
凵(위터진입구), 총 5획, 7급
出國 출국 : 나라 국경 밖으로 나감.
日出 일출 : 해가 떠오름.

入 들 **입**
入(들입), 총 2획, 7급
入金 입금 : 돈이 들어오는 일. 또는 들어온 돈.
單刀直入 단도직입 : 칼 한 자루를 들고 적진으로 들어가듯이 본질로 바로 들어감.

을 출마(出馬)라고 합니다. 예전에는 벼슬에 오르는 것을 입조(入朝)라고 했지요. 출(出) 자와 입(入) 자는 같이 쓰이기도 하지만, 각각 떨어져서도 실생활에서 자주 쓰이는 유용한 글자입니다.

『조선왕조실록』 이야기

『조선왕조실록』은 단일 왕조에 대한 기록으로는 세계에서 가장 방대한 역사서입니다. 태조 이성계부터 철종까지 25대 472년간(1392~1803)의 역사를 기록했는데, 26대 고종과 27대 순종은 일제 시대에 만들어졌기 때문에 보통 『조선왕조실록』에는 제외합니다. 실록을 기록한 사람들이 바로 사관(史官)들입니다. 조선에서는 두 명의 사관이 입회해서 한 사관은 임금과 대신들 사이에 오가는 말을 기록하고 다른 한 사관은 그들의 행동이나 표정 등 현장 분위기를 기록했습니다. 『조선왕조실록』에 국왕의 말뿐만 아니라 화가 났는지의 행동 여부까지 생생하게 기록된 것은 두 명의 사관이 적었기 때문입니다.

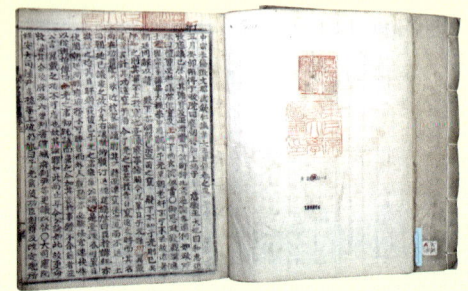

일본에서 돌려받은 오대산 사고본 중 『중종실록』이에요.

군주가 사망하면 실록을 편찬하기 위해 선왕 때 있었던 각종 기록들을 모두 모아야 하는데, 이때 가장 중요한 것이 사관들이 기록한 사초(史草)를 모으는 일입니다. 사초는 사관들이 기록한 자료인데, 때로는 국왕이나 대신들이 발언한 내용의 잘잘못까지 평가하기도 했습니다. 실록은 세 단계로 나뉘어져 작성됩니다. 각종 자료 중에서 실록에 실을 만한 내용을 추리는 것을 초초(初草), 초초 가운데 빠진 사실을 추가하거나 불필요한 내용을 삭제하는 것을 중초(中草), 마지막으로 중초를 손질해서 완성한 것을 정초(正草)라고 합니다. 정초(正草)가 지금 우리가 국사편찬위원회의 홈페이지 등에서 볼 수 있는 『조선왕조실록』의 완성본입니다.

   실록을 둘러싸고 국왕과 신하들 사이에 여러 차례 갈등이 발생했습니다. 국왕은 실록을 보고 싶어 했지만 신하들이 반대했기 때문입니다. 국왕이 실록을 보면 사관이 공정한 기록을 남기지 못할 수 있었기 때문에 국왕의 실록 열람을 금지한 것입니다. 태조 이성계와 태종 이방원은 실록을 열람했습니다. 그러나 후에 세종이 다시 실록을 보려고 할 때는 모든 중신들이 나서서 반대를 해 좌절시켰고, 이때부터 국왕이 실록을 보지 못하는 것이 하나의 법칙이 되었습니다.

   이런 과정을 거쳐 완성된 실록은 사고(史庫)에 보관합니다. 글자 그대로 역사 창고라는 뜻이지요. 조선은 모두 네 곳의 사고(史庫)가 있었습니다. 그러나 임진왜란 때 불행하게도 사고 세 곳이 불타버리고, 전주사고만 뜻 있는 지방 유생들이 내장산으로 옮기는 바람에 겨우 화를 면할 수 있었습니다. 전주사고의 실록마저 불에 탔다면 우리는 조선 초기의 역사를 알기가 아주 어려웠을 것입니다. 『조선왕조실록』은 현재 국보 제151호일뿐만 아니라 1997년에는 유네스코의 세계기록유산에 선정되어 우리 민족의 우수한 기록문화 전통을 세계에 자랑하고 있습니다.

오대산에 있었던 오대산 사고의 모습이에요.

6장

사람과 사람 사이를 뜻하는 한자

새학기가 되면 새로운 짝을 만나게 됩니다.
여러분은 그럴 때 어떤 느낌인가요?
사람을 만나고 사귀고 또 헤어지고 하며
우리 자신은 부쩍부쩍 자라게 된답니다.
이런 과정과 이치를 한자로 알아 보아요.

吾오 我아 爾이 汝여

나
그리고
너

오아(吾我)는 '나'라는 뜻이고, 이여(爾汝)는 '너'라는 뜻입니다. 오아는 '나 오(吾)' 자, '나 아(我)' 자입니다. 1919년에 발표한 『독립선언서』의 첫 구절은 "오등(吾等)은……."이라고 시작됩니다. 오(吾)나 아(我) 뒤에 '무리 등(等)' 자가 따라오면 우리들이라는 의미가 되는 것이지요. 우리 문중을 오문(吾門)이라고 하고, 우리나라는 아방(我邦)이라고 합니다.

이여는 모두 너라는 뜻입니다. '너 이(爾)' 자와 '너 여(汝)' 자이지요. 뿐만 아니라 여(女), 이(而) 자도 너라는 의미로 사용됩니다. '너 이(爾)' 자는 가깝다는 뜻도 있는데서 알 수 있듯이 서로 가까운 사이에 사용하는 호칭입니다.

'무리 등(等)' 자를 쓰면 '~들'이라는 뜻이 된다고 했는데, 그 외에 '무리 배(輩)' 자를 써도 '~들'이란 집단의 뜻이 됩니다. 여배(汝輩)라고 하면 '너희들'이라는 뜻이 되는 것입니다. 오아이여(吾我爾汝)는 모두 사람을 가리킬 때 쓰는 대표적인 대명사입니다.

독립선언서입니다. 선언서의 첫 구절을 자세히 살펴보세요.

吾 나 오
口(입구), 총 7획, 3급
吾等 오등 : 우리들.
吾兄 오형 : 내 형이라는 뜻으로, 친한 벗을 높여 이르는 말.

我 나 아
戈(창과), 총 7획, 3급
我國 아국 : 내 나라.
我田引水 아전인수 : 자기 논에 물 대기. 즉, 자기에게만 이롭도록 생각하고 행동함.

爾 너 이
爻(점괘효), 총 14획, 1급
爾祖 이조 : 너의 조상.
爾汝交 이여교 : 자네라고 부를 수 있는 극히 친한 사이.

汝 너 여
氵(水)(삼수변), 총 6획, 3급
汝等 여등 : 너희들.
爾汝 이여 : 상대방을 낮춰 이르는 말.

사람과 사람 사이를 뜻하는 한자 6장 119

生生 死사 禍화 福복

삶과 죽음
그리고
재앙과 복록

생사(生死)는 서로 반대되는 글자들끼리 모은 단어입니다. '살 생(生)' 자와 '죽을 사(死)' 자이지요. 모두 '살 생(生)' 자를 좋아하고 '죽을 사(死)' 자를 싫어합니다. 어떤 건물의 엘리베이터를 타면 숫자 4를 쓰지 않고 F라고 쓰는 경우도 있습니다. 4가 '죽을 사(死)' 자와 발음이 같아 불길하다는 이유로 영문 표기를 하는 것입니다. 사람은 영원히 살지 못하고 언젠가는 죽기 때문에 사(死) 자 앞에 겸손해야 합니다. 죽었을 때 사람들이 아쉬워하는 삶을 살아야지, 사람들이 잘 죽었다고 고소해 하는 삶을 살아서는 안 되겠지요.

화복(禍福)도 서로 다른 뜻의 글자를 모은 것입니다. '재앙 화(禍)' 자와 '복 복(福)' 자입니다. 사람은 누구나 재앙(禍)을 싫어하고 복(福)을 좋아합니다. 그래서 "새해 복(福) 많이 받으세요."라고 인사하지요. 복(福)을 받으려면 어떻게 해야 할까요? 주위의 어려운 이웃을 많이 도와주면 하늘이 복을 주게 되어 있습니다. 복(福) 자의 부수는 '볼 시(示)' 자인데, 시(示) 자는 신(神)이란 뜻이 있습니다. 신(神)에게 재물을 놓고 복을 달라고 비는 모습을 표현한 글자가 복(福) 자입니다.

책속 작은사전

生 날, 살 **생**
生(날생), 총 5획, 8급
生老病死 생로병사 : 나고, 늙고, 병들고 죽는 일.
起死回生 기사회생 : 거의 죽을 뻔하다 살아남.

死 죽을 **사**
歹(죽을사), 총 6획, 6급
死守 사수 : 죽을 각오로 지킴.
死生決斷 사생결단 : 죽고 사는 것을 돌보지 않고 끝장을 내려고 결정함.

禍 재앙 **화**
示(보일시), 총 14획, 3급
禍根 화근 : 재앙의 근원.
(예) 불화의 화근(禍根)을 미리 뽑다.
禍福無門 화복무문 : 재앙과 복록은 문이 없음. 즉, 자기의 노력에 달려 있음.

福 복 **복**
示(보일시), 총 14획, 5급
福利 복리 : 행복과 이익을 아울러 이르는 말. (예) 국민의 복리(福利)를 증진하다.
轉禍爲福 전화위복 : 재앙이 바뀌어 복이 됨.

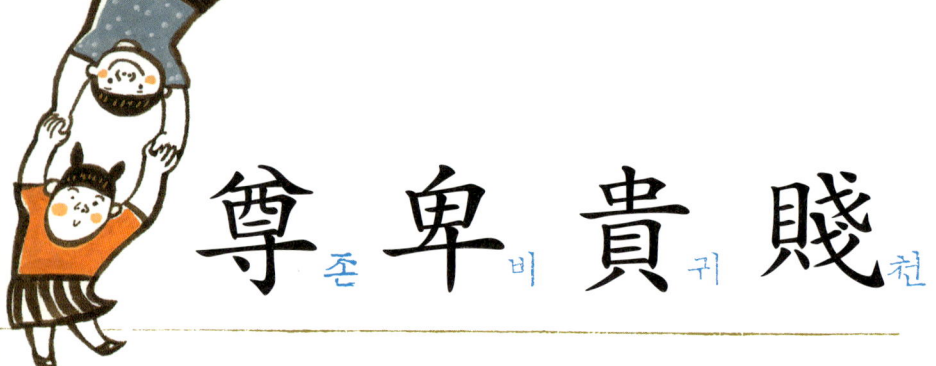

尊卑貴賤
존 비 귀 천

존귀함과 비천함
그리고
귀함과 천함

존비(尊卑)는 '높을 존(尊)' 자와 '낮을 비(卑)' 자가 합쳐진 단어입니다. 지금은 사람 사이에 높고(尊) 낮음(卑)이 없지만 옛날에는 신분에 따라 높고 낮음이 있었습니다. 존(尊) 자는 보통 상대방을 높이는 의미로 사용합니다. 사람을 존경하는 뜻으로 높여 부르는 것을 존칭(尊稱)이라고 하지요. 존(尊) 자는 원래 종이 주인에게 공손히 술을 따르는 술잔을 뜻했습니다.

귀천(貴賤)도 마찬가지로 '귀할 귀(貴)' 자와 '천할 천(賤)' 자입니다.

옛날의 귀한 신분을 귀족(貴族)이라고 했습니다. 귀족과 달리 아주 낮은 신분의 사람들을 천민(賤民)이라고 합니다. 존비와 귀천도 함께 외우면 쉽게 익힐 수 있는 글자들입니다.

지금도 일본(日本)에는 부락(部落)이라 불리는 사람들이 천인(賤人) 취급을 받고 있고, 인도(印度)에는 불가촉천민(不可觸賤民)이라 불리는 천인들이 있습니다. 아주 잘못된 일이지요.

尊 높을 존
寸(마디촌), 총 12획, 4급
尊敬 존경 : 남의 인격, 행동 등을 높이 받들어 공경함.
自尊心 자존심 : 자신의 품위를 높이 지키는 마음.

卑 낮을 비
十(열십), 총 8획, 3급
卑俗 비속 : 낮고 속됨.
男尊女卑 : 남자를 여자보다 우대하고 존중함. (예) 남존여비(男尊女卑) 사상은 가라!

貴 귀할 귀
貝(조개패), 총 12획, 5급
貴公子 귀공자 : 귀한 집 젊은 아들.
貴賓 귀빈 : 귀한 손님.

賤 천할 천
貝(조개패), 총 15획, 3급
賤待 천대 : 천하게 여겨 푸대접함.
賤視 천시 : 업신여겨 낮게 봄.
(예) 옛날에는 광대를 천시(賤視)하였다.

안약 3호분에 그려진 고구려 벽화(일부)예요. 가운데 주인으로 보이는 사람은 크게 그려져 있고 옆의 사람들은 작게 그려져 있죠?

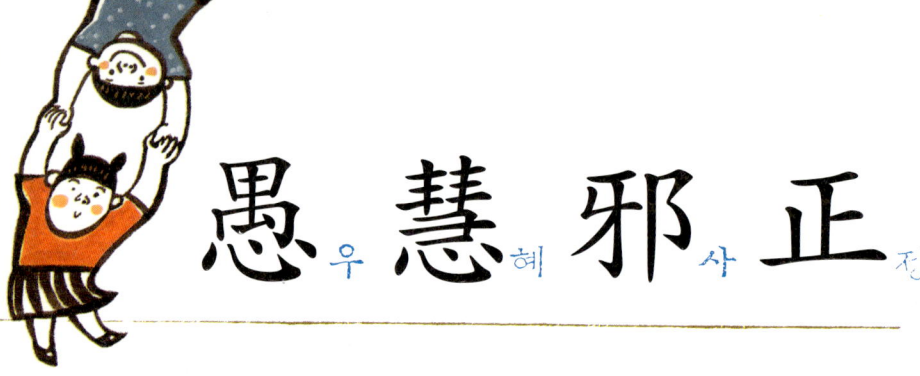

愚우 慧혜 邪사 正정

어리석음과 슬기로움
그리고
그릇됨과 올바름

우혜(愚慧)를 살펴볼까요. 모두 '마음 심(心)' 자를 부수로 사용하고 있습니다. '어리석을 우(愚)' 자와 '슬기로울 혜(慧)' 자입니다. 자신의 생각을 낮추어 말할 때 우견(愚見)이라고 합니다. 또 사물을 꿰뚫어 보는 안목을 혜안(慧眼)이라고 하지요.

사정(邪正)은 '간사할 사(邪)' 자와 '바를 정(正)' 자입니다. 정(正) 자의 반대말이 사(邪) 자입니다. 바른 학문을 정학(正學)이라고 하고, 그에 반대되

충청북도 제천시에 있는 가톨릭 성지인 배론성지(위)와 황사영이 여기로 피신하여 쓴 백서(아래)예요.

는 학문을 사학(邪學)이라고 하지요. 조선 후기에는 유학(儒學)의 한 갈래인 성리학(性理學)만을 정학(正學), 또는 정도(正道)라고 불렀습니다. 그리고 천주교 등 다른 사상이나 종교 등은 사학(邪學), 또는 사교(邪敎)라고 하여 탄압했지요. 그러나 이런 식의 생각은 더 이상 통하지 않습니다. 내 생각이 옳다고 여기는 만큼 다른 사람의 생각도 존중해야 하는 것이지요.

愚 어리석을 **우**
心(마음심), 총 13획, 3급
愚民 우민 : 어리석은 백성.
愚直 우직 : 어리석고 고지식함.

慧 슬기로울 **혜**
心(마음심), 총 15획, 3급
慧眼 혜안 : 사물을 꿰뚫어 보는 밝은 안목.
(예) 미래를 내다볼 줄 아는 혜안(慧眼).

邪 간사할 **사**
⻖(邑)(우부방), 총 7획, 3급
邪惡 사악 : 간사하고 악독함.
辟邪 벽사 : 요사스러운 귀신을 물리침. (예) 동지 팥죽은 벽사(辟邪)의 기능이 있다.

正 바를 **정**
止(그칠지), 총 5획, 7급
正直 정직 : 마음이 바르고 곧음.
不正 부정 : 옳지 못함.

老노 少소 壯장 幼유

늙은이와 젊은이
그리고
어른과 어린이

노소(老少)는 '늙을 노(老)' 자와 '젊을 소(少)' 자입니다. '젊을 소(少)' 자와 '작을 소(小)' 자를 혼동하는 경우가 종종 있습니다. '클 대(大)' 자의 상대어가 '작을 소(小)' 자이고, '늙을 노(老)' 자의 상대어는 '젊을 소(少)' 자입니다. 각각 노소(老少), 대소(大小)라고 써야 하지요. 노(老) 자는 허리가 굽은 노인이 지팡이를 짚고 서 있는 모양입니다.

장(壯) 자는 씩씩하다는 뜻입니다. 소장학자(少壯學者)라는 말이 있습니다. 젊고 기운찬 학자를 말합니다. 유(幼) 자는 어리다는 뜻입니다. 어리니까 약하다는 뜻이 담겨 있지요. 어리고 약하다는 뜻의 유약(幼弱)이란 말이 여기에서 나온 것입니다. 그래서 '씩씩할 장(壯)' 자와 '어릴 유(幼)' 자가 서로 반대말이 되는 것이지요.

老 늙을 로(노)
老(늙을로), 총 6획, 7급
老婆心 노파심 : 늙은 할머니의 마음. 즉, 지나치게 많은 걱정.
老益壯 노익장 : 늙었지만 기력이 점점 좋아짐. (예) 노익장(老益壯)을 과시하다.

少 젊을, 적을 소
小(작을소), 총 4획, 7급
少數 소수 : 적은 수효.
(예) 소수(少數)의 의견을 존중하다.
少女 소녀 : 어린 계집아이.
(비교) 小女(소녀) : 몸집이나 키가 작은 계집아이.

壯 씩씩할, 장할 장
士(선비사), 총 7획, 4급
壯士 장사 : 몸이 우람하고 힘이 센 사람.
悲壯 비장 : 슬프면서도 그 감정을 억눌러 씩씩함.

幼 어릴 유
幺(작을요), 총 5획, 3급
幼弱 유약 : 어리고 약함.
幼稚 유치 : 나이가 어려 수준이 낮거나 미숙함.
(예) 유치(幼稚)한 사고 방식.

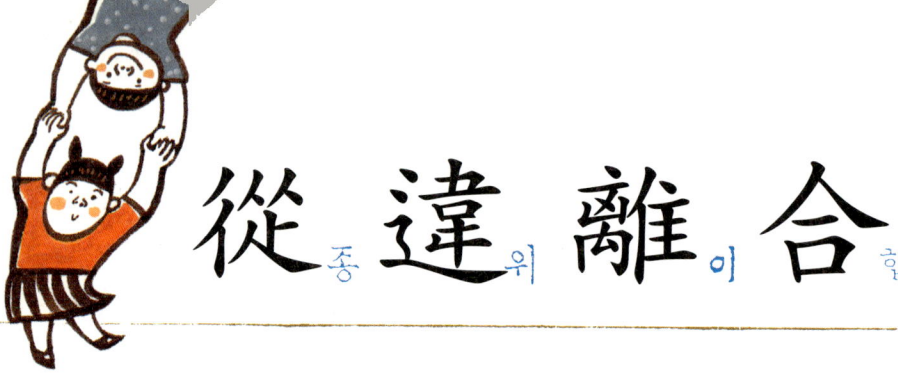

從종 違위 離이 合합

좇음과 어김
그리고
떨어짐과 합침

종위(從違)와 이합(離合)은 서로 반대되는 글자끼리 모은 것입니다. 종(從)은 좇다, 순종하다는 뜻인 반면 위(違)는 어기다, 위반하다는 뜻입니다. 병역에 근무하는 것을 종군(從軍)이라고 합니다. 전쟁터를 취재하는 기자를 종군 기자(記者)라고 하지요. 어떤 규칙을 어기는 것을 위반(違反)이라고 하고, 계약을 위배하는 것을 위약(違約)이라고 합니다. 복종과 위반을 아울러 종위라고 부릅니다.

이별초예요. 꽃이 필 때는 잎이 나지 않고, 잎이 날 때는 꽃이 피지 않기 때문에 서로 만날 수 없다고 해서 이별초라는 이름이 붙었습니다.

이(離)는 떠난다는 뜻입니다. 헤어지는 것을 이별(離別)이라고 하지요. 뜻이 서로 맞지 않는 것을 이심(離心)이라고 합니다. 마음이 떠났으니 뜻이 맞지 않는 것이지요. '합할 합(合)' 자의 갑골문은 서로 다른 형태의 그릇 두 개가 합쳐지는 모습을 표현했습니다. 서로 다른 것이 합쳐진다는 것이지요. 마음을 합치는 것을 합심(合心)이라고 합니다. 이합(離合)은 서로 헤어지고 합하는 것을 의미합니다.

從 좇을 종
彳(두인변), 총 11획, 4급
順從 순종 : 순순히 좇음.
從屬 종속 : 큰 것에 딸려 붙음.
(예) 작은 나라는 큰 나라에 종속(從屬)되기 쉽다.

違 어길, 어긋날 위
辶(책받침), 총 13획, 3급
違法 위법 : 법을 어김.
違反 위반 : 약속 따위를 지키지 않고 어김.

離 떠날, 떨어질 리(이)
隹(새추), 총 19획, 4급
離陸 이륙 : 비행기가 땅을 떠남. 즉, 날아오름.
離別 이별 : 서로 따로 떨어짐.

合 합할, 맞을 합
口(입구), 총 6획, 6급
結合 결합 : 둘 이상의 것이 합하여 하나가 됨.
合格 합격 : 자격에 맞음.

解解 脫탈 休휴 息식

풀고 벗음
그리고
쉼

해탈(解脫)에 대해서 살펴볼까요? '풀 해(解)' 자와 '벗을 탈(脫)' 자입니다. '풀 해(解)' 자의 부수는 '뿔 각(角)' 자이고, 나머지 글자는 '칼 도(刀)', '소 우(牛)' 자입니다. 칼로 소의 뿔을 쪼갠다는 뜻이지요. 탈(脫) 자는 어떤 상태에서 벗어나는 것을 뜻합니다. 구속에서 벗어나는 것을 탈출(脫出)이라고 합니다. 해탈은 얽매임에서 벗어났다는 뜻인데, 불교에서는 번뇌와 괴로움에서 벗어난 상태를 말하기도 합니다.

휴식(休息)에 대해서 살펴볼까요. '쉴 휴(休)' 자는 갑골문에서 나무 아래에서 쉬는 사람의 모습을 그린 것입니다. 식(息) 자에는 쉬다는 뜻

외에 숨쉬다는 뜻과 자식(子息)이라는 뜻도 있습니다. 휴식은 하던 일을 멈추고 잠시 쉬는 것을 말하지요.

정약용 선생님은 귀양지였던 전라도 강진에서 혜장(惠藏)이란 스님을 만납니다. 그래서 강진의 다산초당(茶山草堂)에서 산길로 혜장 선사(禪師)가 있는 백련사까지 가서 차를 마시곤 했었지요. 정약용 선생님께는 이것이 바로 고된 귀양 생활 속의 휴식이었을 것입니다.

解 풀 해
角(뿔각), 총 13획, 4급
解說 해설 : 알기 쉽게 풀어 설명함.
解産 해산 : 몸을 풀어 아이를 낳음.

脫 벗을 탈
月(육달월), 총 11획, 4급
脫毛 탈모 : 털이 빠짐.
脫出 탈출 : 어떤 상황이나 구속 따위에서 빠져나옴.

休 쉴 휴
亻(사람인), 총 6획, 7급
休校 휴교 : 학교가 학생을 가르치는 것을 쉼.
休紙 휴지 : 쓸모없는 종이.

息 쉴, 숨쉴, 자식 식
心(마음심), 총 10획, 4급
歎息 탄식 : 한탄하며 한숨을 쉼.
女息 여식 : 딸자식.

孤獨群衆
고 독 군 중

홀로 외로움
그리고
무리

고독(孤獨)은 '외로울 고(孤)' 자와 '홀로 독(獨)' 자입니다. 서로 비슷한 뜻의 글자들이지요. 부모가 없는 아이를 고아(孤兒)라고 합니다. 외로운 아이라는 뜻이지요. 몸이 외롭고 힘든 것을 고단(孤單)하다고 합니다. 독(獨) 자의 부수는 무엇일까요? '개 견(犭=犬)' 자입니다. 개는 혼자 있어야 한다는 의미로 만들어진 글자가 '홀로 독(獨)' 자인 것이지요. 결혼하지 않고 장성한 사람을 독신(獨身)이라고 하고, 다른 나라의 지배 아래 있던 나라가 해방된 것을 독립(獨立)이라고 합니다.

군중(群衆)은 수많은 사람이라는 뜻입니다. 군(群) 자는 무리라는 뜻인데, 부수가 무엇일까요? 바로 '양 양(羊)' 자입니다. 개와 달리 양(羊)은 항상 무리지어 있어야 한다는 뜻입니다. 군중(群衆)도 서로 같은 뜻의 글자를 모은 것입니다. '무리 군(群)' 자와 '무리 중(衆)' 자이지요. '무리 중(衆)' 자의 갑골문은 일하는 여러 노예들의 모습을 나타낸 글자였습니다.

孤 외로울 고
子(아들자), 총 8획, 4급
孤兒 고아 : 부모를 여의고 의지할 데 없는 아이.
孤立無援 고립무원 : 외톨이가 되어 도움을 받을 데가 없음.

獨 홀로 독
犭(犬)(개사슴록변), 총 16획, 5급
獨立 독립 : 다른 곳에 의지하지 않고 홀로 섬.
獨善 독선 : 자기 혼자만 옳다고 생각하고 행동하는 것.
(예) 그는 독선(獨善)에 빠졌다.

群 무리 군
羊(양양), 총 13획, 4급
群落 군락 : 같은 지역에 모여 생활하는 많은 부락.
群島 군도 : 무리를 이룬 크고 작은 섬들. (예) 필리핀은 군도(群島)로 이루어졌다.

衆 무리 중
血(피혈), 총 12획, 4급
觀衆 관중 : 연극이나 운동 경기 따위를 구경하는 무리.
衆口難防 중구난방 : 여러 사람의 말을 막기 어려움. 즉, 여럿이 마구 지껄임을 뜻함.

送송 迎영 逢봉 別별

보내고 맞음
그리고
만나고 헤어짐

송영봉별(送迎逢別)은 모두 만나고 헤어지는 것과 관련 있는 글자들입니다. 먼저 송영에 대해서 살펴볼까요. 각각 '보낼 송(送)' 자와 '맞을 영(迎)' 자입니다. 송영(送迎)의 부수는 모두 辶이지요. 걸음이나 거리, 속도 등과 관련되어 있습니다. '보낼 송(送)' 자나 '맞을 영(迎)' 자는 모두 가고 오는 것을 표현하는 글자들입니다. 손님을 떠나보내는 것을 송별(送別)이라고 합니다. 반대로 손님을 맞아서 접대하는

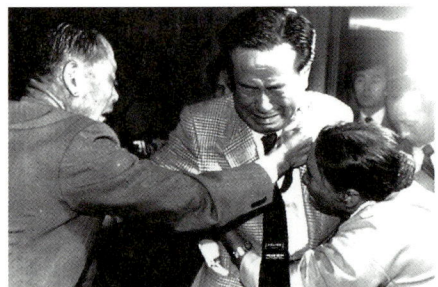

이산가족 상봉의 모습이에요(위). 그리고 이산가족을 찾기 위해 붙여 놓은 수많은 전단지입니다(아래).

것을 영접(迎接)이라고 하지요. 송영은 가는 사람을 보내고 새 사람을 맞이한다는 뜻입니다.

봉별(逢別)에 대해서 살펴볼까요? 봉(逢)은 만난다는 뜻입니다. 서로 만나는 것을 상봉(相逢)이라고 합니다. 별(別)은 반대로 나누다, 헤어지다는 뜻입니다. '나눌 별(別)' 자의 부수는 '칼 도(刂=刀)' 자이지요. 갑골문에서 별(別) 자는 고기의 살과 뼈를 나눈다는 의미를 갖고 있습니다.

책속 작은사전

送 보낼 **송**
辶(책받침), 총 10획, 4급
送金 송금 : 돈을 보냄.
歡送 환송 : 떠날 사람을 기쁜 마음으로 보냄.

迎 맞을 **영**
辶(책받침), 총 8획, 4급
迎接 영접 : 손님을 맞아서 대접하는 일.
迎合 영합 : 아첨하여 이익을 쫓는 일
(예) 대중의 취향에 영합(迎合)하다.

逢 만날 **봉**
辶(책받침), 총 11획, 3급
逢着 봉착 : 어떤 처지나 상태에 부닥침.
相逢 상봉 : 서로 만남.

別 나눌, 다를 **별**
刂(刀)(선칼도방), 총 7획, 6급
作別 작별 : 인사하고 헤어짐.
別名 별명 : 남들이 지어 부르는 별다른 이름.

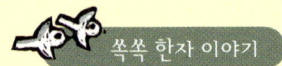

첫 번째 이야기

우리나라 사자성어(四字成語)

옛날에 있었던 이야기를 네 자의 한자(漢字)로 표현하는 것을 사자성어(四字成語), 또는 고사성어(故事成語)라고 합니다. 천자문도 네 글자씩으로 만들어진 사자성어 모음입니다. 사자성어는 주로 중국에서 만들어졌지만, 한자(漢字)를 오래 사용했던 우리나라에서 만들어진 것도 많습니다.

잘 알려진 우리나라 사자성어로 '함흥차사(咸興差使)'가 있습니다. 함흥(咸興)은 함경도에 있던 이성계의 고향입니다. 차(差) 자는 틀리다는 뜻도 있지만 여기에서는 '사신 보낼 차(差)' 자로 쓰였는데, 차사(差使)는 임시로 파견하는 사신이란 뜻입니다. 그러니 함흥차사란 함흥으로 보낸 특별 사신이란 뜻이지요. 태조 이성계는 재위 7년(1398) 태종 이방원이 제1차 왕자의 난을 일으켜 배다른 형제들을 죽이자 왕위를 정종에게 물려주고 함흥에 칩거했습니다. 그러자 태종은 함흥의 이성계에게 거듭 차사를 보내 서울로 돌아오라고 간청했으나, 이성계가 거부했다는 데서 나온 말이 함흥차사입니다. 일설에는 이성계가 차사로 오는 사람을 다 죽였다고 전하지만 이는 잘못 알려진 것이고, 이성계는 사신으로 온 사람을 아무도 죽이지 않았습니다. 오히려 무학대사의 간청으로 서울로 돌아오지요.

'계견일공(鷄犬一空)'이란 사자성어가 있습니다. '닭과 개

도 모두 없어졌다'는 뜻입니다. 고려 고종 18년(1231) 겨울에 몽고 군사가 평주(平州)를 점령하고 성 안의 집을 불태우는 바람에 사람은 물론 닭과 개도 모두 없어졌다는 데

서 나온 고사성어입니다. 『고려사(高麗史)』 고종 본기에 나오는 말이지요.

'수사옥중(瘦死獄中)'이란 사자성어도 있습니다. '옥중에서 굶어(瘦) 죽었다'는 뜻입니다. 백제 충신 성충(成忠)과 관련 있는 사자성어지요. 백제 의자왕이 정사를 돌보지 않자 좌평(佐平) 성충(成忠)이 올바른 충고를 하다가 의자왕의 분노를 사서 옥에 갇혀 굶어 죽었다는 데서 나온 사자성어로, 『삼국사기』 의자왕 본기(本紀)에 나오는 고사(故事)입니다.

공자님의 말씀을 기록한 『논어(論語)』에 나오는 '안빈낙도(安貧樂道)'라는 사자성어가 있습니다. '가난한 가운데서도 도를 즐긴다'는 뜻입니다. 이와 비슷한 우리나라 사자성어가 '생리누공(生理屢空)'입니다. 고려 말에 목은(牧隱) 이색, 포은(圃隱) 정몽주와 함께 호(號)에 '숨을 은(隱)'자가 들어간다고 해서 삼은(三隱)이라고 불렸던 분이 야은(冶隱) 길재(吉再:1353~1419) 선생입니다. 길재 선생은 집이 아주 가난해서 쌀독이 여러 차례 비었지만 이에 개의치 않고 생기 있게 지냈다고 합니다. 여기에서 '쌀독이 여러 번 비었지만(屢空), 생기가 있었다(生理)'는 뜻의 생리누공이란 사자성어가 생겼습니다.

7장

사회생활을 표현하는 한자

각양각색의 사람들이 어우러져 함께 일하고 나누며
때로 경쟁하며 사는 것이 바로 사회생활이지요.
그 다양함을 표현하는 한자를 알아보아요.

婚姻嫁娶
혼 인 가 취

혼인함
그리고
시집가고 장가듦

혼인가취(婚姻嫁娶)는 모두 같은 부수를 사용하는 글자입니다. 모두 '여자 녀(女)' 자를 부수로 사용하고 있지요. 혼인(婚姻)은 시집가고 장가가는 것을 뜻합니다. 신부가 신랑의 집으로 가는 것을 '시집간다'라고 하고, 신랑이 신부의 집으로 가는 것을 '장가간다'라고 합니다.

'혼인할 혼(婚)' 자는 '여자 녀(女)' 자와 '어두울 혼(昏)' 자가 합쳐진 글자입니다. 옛날에는 저녁 때 여성의 집으로 가서 혼인했기 때문에 생긴 글자입니다. '혼인 인(姻)'

자를 살펴볼까요. '여자 녀(女)' 자와 '인할 인(因)' 자가 합쳐진 글자입니다. 인(因) 자는 인연이란 뜻입니다. 인연이 있기 때문에 서로 혼인한다는 의미이지요.

　가취(嫁娶)의 '가(嫁)' 자가 바로 '시집갈 가(嫁)' 자입니다. '취(娶)' 자는 '장가들 취(娶)' 자입니다. 따라서 가취는 '시집가고 장가간다'는 뜻이니까 혼인과 같은 말임을 알 수 있습니다. 지금은 결혼식장에서 혼인식을 올리지만 옛날에는 신랑이 신부집에 가서 혼인식을 올렸는데, 이것이 우리 민족의 오랜 전통이었지요.

婚 혼인할 **혼**
女(계집녀), 총 11획, 4급
　婚談 혼담 : 혼인에 대해 오가는 말.
　婚處 혼처 : 혼인하기에 알맞은 자리.
　(예) 마땅한 혼처(婚處)가 없다.

姻 혼인, 인척 **인**
女(계집녀), 총 9획, 3급
　姻結 인결 : 혼인 관계.
　姻戚 인척 : 혼인으로 맺어진 관계.
　즉, 외가와 처가의 친척들.

嫁 시집갈 **가**
女(계집녀), 총 13획, 1급
　嫁女 가녀 : 딸을 시집 보냄.
　改嫁 개가 : 결혼하였던 여자가 남편과 사별하거나 이혼하여, 다른 남자와 결혼함.

娶 장가들 **취**
女(계집녀), 총 11획, 1급
　娶妻 취처 : 아내를 얻음.
　再娶 재취 : 아내를 여의었거나 아내와 이혼한 사람이 다시 장가듦.

孕_잉 胎_태 産_산 育_육

임신함
그리고
낳고 기름

잉태(孕胎)는 아이를 가지다는 뜻입니다. '아이 밸 잉(孕)' 자와 '아이 밸 태(胎)' 자로서 같은 뜻입니다. 잉(孕) 자는 '내(乃)' 자와 '아들 자(子)' 자가 합쳐진 글자인데, 내(乃) 자는 '이에(이리 하여)'라는 뜻이지만 여기에서는 임신부의 부른 배를 그린 것으로 봐도 됩니다. 임신부의 부른 배 아래 아들 자(子) 자가 있는 글자가 '아이 밸 잉(孕)' 자입니다. 금방 외워지지요.

'아이 밸 태(胎)' 자의 부수인 月은 '달 월(月)'이 아니라 '고기 육(肉)' 자입니다. '살, 고기, 몸'이라는 뜻을 가진 글자이지요. '고기 육(肉=月)' 자를 부수로 사용하는 글자는 대부분 신체와 관련이 있습니다.

산육(産育)은 낳아서 기른다는 뜻인데, 각각 '낳을 산(産)' 자와 '기를 육(育)' 자입니다. 육아(育兒)는 아이를 기른다는 뜻입니다. 예전에는 육아가 여자의 일이라고 여겨졌지만, 지금은 부부가 함께 해야할 소중한 의무이지요.

孕 아이밸 **잉**
子(아들자), 총 5획, 1급
孕母 잉모 : 아이를 밴 여자. 임산부.
懷孕 회잉 : 아이를 뱀.

胎 아이밸 **태**
月(肉)(육달월), 총 9획, 2급
胎敎 태교 : 임산부가 말과 행동을 조심하여 뱃속의 아기에게 좋은 영향을 미치는 일.
胎夢 태몽 : 아이를 밸 징조의 꿈.

産 낳을, 산물 **산**
生(날생), 총 11획, 5급
産苦 산고 : 아이를 낳을 때 느끼는 고통.
産物 산물 : 그 지방에서 생산되는 물건. (예) 이 고장의 대표적 산물(産物)은 배이다.

育 기를 **육**
月(肉)(육달월), 총 8획, 7급
育兒 육아 : 아이를 기름.
訓育 훈육 : 품성이나 도덕 따위를 가르쳐 기름. (예) 그의 훈육(訓育)은 서슬이 퍼렇다.

葬埋祭祀
장 매 제 사

장사 지냄
그리고
제사 지냄

장매(葬埋)는 사람이 세상을 떠나면 장사 지내고 땅 속에 묻는다는 뜻입니다. 각각 '장사 지낼 장(葬)' 자와 '묻을 매(埋)' 자이지요. 매장(埋葬)이라고 많이 쓰지만 순서로 따지면 장매(葬埋)가 맞는 말입니다. 먼저 장례를 치르고(葬) 난 후 묻는 것(埋)이 순서에 맞기 때문이지요.

제사(祭祀)는 두 글자 모두 제사 지낸다는 뜻입니다. 옛날 사람들은 제사를 중요시했기 때문에 제사에 관련된 글자가 아주 많습니다. 그중에서도 여기 나오는 '제사 제(祭)' 자와 '제사 사(祀)' 자가 가장 중요합니다. 두 자의 부수는 모두 '보일 시(示)' 자입니다. 시(示) 자는 옛 갑골문

등에서 귀신이나 혼령을 나타내는 글자로 사용됩니다. 귀신이나 혼령에게 제사를 지낸다는 의미가 들어 있는 것이지요. 제(祭) 자의 왼쪽에 있는 글자는 '고기 육(月=肉)' 자입니다. 이제 '제사 제(祭)' 자가 무엇을 뜻하는지 짐작이 가지요? 고기를 제물로 바치고 제사 지내는 것을 의미합니다.

葬 장사지낼 장
艹(艸)(초두), 총 13획, 3급
葬事 장사 : 시체를 매장 혹은 화장하는 일.
合葬 합장 : 여러 사람 시체를 한 무덤에 묻음. (예) 어머니는 아버지와 합장(合葬)되었다.

埋 묻을 매
土(흙토), 총 10획, 3급
埋沒 매몰 : 파묻음. 또는 파묻힘. (예) 탄광에서 매몰(埋沒) 사고가 나다.
埋伏 매복 : 일정한 곳에 몰래 숨어 있음.

祭 제사 제
示(보일시), 총 11획, 4급
祭物 제물 : 제사에 쓰이는 음식.
祭文 제문 : 죽은 이를 기리는 글. 제물을 올리고 축문처럼 읽음.

祀 제사 사
示(보일시), 총 8획, 3급
享祀 향사 : 제사. (예) 매년 아홉 번의 향사(享祀)를 치른다.
淫祀 음사 : 부정한 귀신에게 지내는 제사.

慶경 弔조 賀하 慰위

경사스러움과 불행함
그리고
축하와 위로

    기쁜 일을 경사(慶事)라고 합니다. '경사났네'라는 말이 여기에서 나온 것이지요. '조상할 조(弔)' 자는 사람이 세상을 떠났을 때 조문(弔問)하는 것을 뜻합니다. 기쁜 일과 슬픈 일을 통틀어서 경조사(慶弔事)라고 합니다. 경조사 때는 빈손으로 갈 수는 없고, 봉투에 정성껏 돈을 넣어 가는데 이런 비용을 경조사비(慶弔事費)라고 하지요.

    '하례 하(賀)' 자를 알아볼까요. 이 글자는 '더할 가(加)'와 '조개 패(貝)'가 합쳐져서 만들어진 글자입니다. '조개 패(貝)' 자는 돈과 같은 뜻이라고 앞에서 말했지요. 경사 때 돈을 가지고 가서 축하하는 것이 '하례 하

(賀)' 자입니다. 위(慰)는 위로한다는 뜻입니다. 위로는 마음을 다해서 해야 하니까 '마음 심(心)' 자를 부수로 사용했습니다.

'십시일반(十匙一飯)'이라는 말이 있습니다. 시(匙)는 '숟가락'을, 반(飯)은 '밥'을 뜻합니다. 무슨 의미일까요? 열 숟가락의 밥이 모이면 밥 한 그릇이 된다는 말입니다. 경조사 때 작은 정성 여럿이 모이면 당사자에게는 큰 도움이 되는 것이지요.

조선 시대 덕수궁 봉수당에서 열린 잔치 풍경이에요. 왕실에 경사스러운 일이 있을 때 열렸답니다.

慶 경사 **경**
心(마음심), 총 15획, 4급
慶祝 경축 : 경사를 축하함.
慶弔相問 경조상문 : 경사를 서로 축하하고 흉사를 서로 위로함.

弔 조상할 **조**
弓(활궁), 총 4획, 3급
弔問 조문 : 남의 죽음에 대하여 슬퍼하는 뜻을 상주에게 전함.
弔意 조의 : 남의 죽음을 슬퍼하는 뜻.
(예) 삼가 조의(弔意)를 표합니다.

賀 하례할 **하**
貝(조개패), 총 12획, 3급
賀客 하객 : 축하하러 온 손님.
謹賀 근하 : 삼가 축하함.
(예) 근하신년(謹賀新年)!

慰 위로할 **위**
心(마음심), 총 15획, 4급
慰勞 위로 : 따뜻한 말이나 행동으로 고통스러움이나 슬픔을 위로함.
慰安 위안 : 위로하여 마음을 편하게 함.

사회생활을 표현하는 한자 **7장** 147

會遇盟約
회 우 맹 약

모여 만남
그리고
굳게 약속함

회우(會遇)는 각각 '모일 회(會)' 자와 '만날 우(遇)' 자입니다. 회(會)는 모이다라는 뜻입니다. 동창회(同窓會)는 같은 학교 출신들끼리 모이는 것이지요. 우(遇)는 만나다라는 뜻입니다. 회우(會遇)에는 두 가지 뜻이 있습니다. 한데 모여서 만난다는 뜻과 오다가다 만난다는 뜻이지요.

맹약(盟約)은 굳게 맹세한 약속을 뜻합니다. '맹세할 맹(盟)' 자와 '맺을 약(約)' 자입니다. 같은 뜻으로 맹서(盟誓)가 있습니다. '맹세할 맹(盟)' 자는 '밝을 명(明)'과 '그릇 명(皿)' 자로 이루어져 있지요. 이때 그릇은 짐승의 피를 담은 그릇을 뜻합니다. 옛날에는 짐승의 피를 서로 나누어 먹으며 같은 피를 나눈 형제가 되기를 하늘에 빌었습니다. 그러면서 '비록 다른 날에 서로 태어났지만 같은 날에 죽게 해 달라'고 맹세하는 것이지요. 이같은 맹세를 하늘의 혼령이 밝게 안다는 뜻에서 '밝을 명(明)' 자를 위에 쓴 것입니다.

회우 뒤에 맹약이 오면 무슨 뜻일까요? 한데 모여서 굳은 약속을 하는 것이 바로 회우맹약(會遇盟約)입니다.

會 모일 회
曰(가로왈), 총 13획, 6급
會食 회식 : 여러 사람이 모여 함께 음식을 먹음.
學會 학회 : 공부하는 사람들의 모임. (예) 학회(學會)에서 논문을 발표하다.

遇 만날, 대접할 우
辶(책받침), 총 13획, 4급
不遇 불우 : 능력이 있으나 때를 만나지 못해 능력을 펴지 못함.
禮遇 예우 : 예의를 지키어 정중하게 대우함. (예) 예우(禮遇)를 갖추어 손님을 맞다.

盟 맹세 맹
皿(그릇명), 총 13획, 3급
結盟 결맹 : 굳은 맹세로 맺음.
盟主 맹주 : 동맹을 맺은 개인이나 단체의 우두머리.

約 맺을, 간략할, 약속할 약
糸(실사), 총 9획, 5급
約束 약속 : 앞으로의 일을 미리 맺어둠.
金石盟約 금석맹약 : 쇠나 돌처럼 굳고 변함없는 약속.

應對沐浴
응 대 목 욕

응하여 상대함
그리고
목욕함

응대(應對)는 부름이나 물음이 있을 때 대답하거나 상대하는 것을 뜻합니다. '응할 응(應)' 자와 '대답할 대(對)' 자가 합쳐진 단어이지요. 시험에 나가는 것을 응시(應試)라고 합니다. 대(對) 자는 글자 그대로 대답하다는 뜻입니다. 또한 무엇을 대한다는 의미도 있습니다. 누구를 상대(相對)하다라는 말이 대표적이지요.

목욕(沐浴)이 무슨 뜻인지는 다 알지요? 글자를 살펴보면 뜻이 더욱 명확해집니다. 머리 감는 것과 목욕하는 것은 둘 다 물과 관련이 있기 때문에 '물 수(氵=水)' 자가 부수로 사용되었습니다. '머리 감을 목(沐)' 자는 빗물(氵)에 나무(木)가 씻기는 것을 그린 것입니다. '목욕할 욕(浴)'

자는 '물 수(氵=水)' 자와 '골짜기 곡(谷)' 자의 합자(合字)입니다. 계곡에서 물로 목욕한다는 뜻이지요.

음력 5월 5일인 단오(端午)에는 창포(菖蒲) 뿌리를 삶은 물로 머리를 감고, 창포 뿌리를 깎아 비녀를 만들어 꽂는 풍습이 있었습니다. 이렇게 하면 머리가 더욱 검어지고 악귀를 물리칠 수 있다고 믿었던 것입니다.

신윤복의 「단오」입니다. 조선 시대 여성들이 단오를 맞아 목욕하는 모습이 잘 표현되어 있어요.

應 응할 응
心(마음심), 총 17획, 4급
應試 응시 : 시험에 응함. (예) 모든 사람에게 응시(應試) 기회를 주겠다.
呼應 호응 : 부름이나 호소 따위에 대답함.

對 대할, 대답할 대
寸(마디촌), 총 14획, 6급
對答 대답 : 부르는 말에 대하여 어떤 말을 함.
反對 반대 : 두 사물이 서로 등지거나 맞섬.

沐 머리 감을 목
氵(水)(물수), 총 7획, 2급
沐恩 목은 : 은혜로 머리를 감음. 즉, 은혜를 입음.
沐露 목로 : 이슬에 젖음. 즉, 모든 일에 고생을 이겨 내며 부지런히 노력함.

浴 목욕할 욕
氵(水)(물수), 총 10획, 5급
浴室 욕실 : 목욕하는 방.
山林浴 산림욕 : 숲 속을 거닐며 맑은 공기와 햇빛으로 몸을 씻는 일.

사회생활을 표현하는 한자 **7장**

農农 賈고 匠장 漁어

농사꾼과 장사꾼
그리고
장인과 어부

농고장어(農賈匠漁)는 모두 직업과 관련이 있는 글자입니다. 농(農)은 농사라는 뜻입니다. 옛날에는 농사(農事)를 가장 높이 평가해서 '농자천하지대본(農者天下之大本)'이라고 했습니다. 농사짓는 일이 천하 사람들이 살아가는 일 중에서 가장 큰 일이라는 뜻이지요. 고(賈)는 장사라는 뜻입니다. '장사 상(商)' 자와 같은 뜻입니다. 고(賈) 자는 부수가 '조개 패(貝)'니까 돈과 관련이 있는 글자라고 짐작할 수 있습니다. 장사가 돈과 관련이 있는 것은 말할 것도 없겠지요.

장(匠)은 장인(匠人), 곧 기술자라는 뜻입니다. 장인 중에서도 으뜸

 책 속 작은 사전

農 농사, 농부 **농**
辰(별진), 총 13획, 7급
農村 농촌 : 농부들이 사는 마을.
貧農 빈농 : 가난한 농가나 농민.

賈 장사 **고**
貝(조개패), 총 13획, 2급
賈船 고선 : 장사하는 배.
賈人 고인 : 장사하는 사람. 즉, 상인.

匠 장인 **장**
匸(터진입구), 총 6획, 1급
匠人 장인 : 물건 만드는 것을 업으로 삼는 사람.
巨匠 거장 : 일정한 분야에서 특히 뛰어난 사람. (예) 그는 미술계의 거장(巨匠)이다.

漁 고기 잡을 **어**
氵(水)(물수), 총 14획, 5급
漁具 어구 : 고기잡이에 쓰는 여러 가지 도구.
漁夫 어부 : 고기잡이를 생업으로 하는 사람.

장인을 명장(明匠)이라고 합니다. 어(漁)는 무슨 뜻일까요? '물고기 어(魚)' 자에 '물 수(氵=水)'가 붙은 글자입니다. 물속에 사는 고기를 잡는, '고기 잡을 어(漁)' 자가 되는 것이지요.

지금은 상업(商業)을 훨씬 우대하지만, 조선 시대에는 농본상말(農本商末)이라고 해서 농업(農業)이 근본이고 상업은 끄트머리라고 여겼습니다. 사람은 먹지 않으면 살지 못하기 때문에 농업을 으뜸으로 여긴 것이지요.

耕种 收穫
경 종 수 확

논밭을 갈고 씨를 뿌림
그리고
거두어들임

이번에는 모두 농사와 관련이 있는 글자들입니다. 경(耕)은 밭을 간다는 뜻입니다. 부수가 '쟁기 뢰(耒)' 자입니다. 쟁기는 소를 이용해 논밭을 가는 농기구입니다. '쟁기 뢰(耒)' 자를 부수로 쓰는 글자들은 대부분 농사와 관련이 있습니다. 씨를 심으려면 먼저 쟁기 같은 것으로 흙을 갈아엎고 고르게 해 주어야 합니다. 그렇게 해 주는 것을 경(耕)이라고 합니다. 그 다음에 씨를 뿌려야 하는데, 씨가 바로 종(種)입니다. '씨 종(種)' 자이지요. '종 종(鍾)' 자와 헷갈리는 경우가 있는데, '씨 종(種)' 자는 부수가 '벼 화(禾)' 자이고, '종 종(鍾)' 자는 부수

耕 밭갈 경
耒(쟁기뢰), 총 10획, 3급
耕作 경작 : 땅을 갈아 농사를 지음.
休耕 휴경 : 농사를 짓지 아니하고 얼마 동안 묵힘.
(예) 휴경(休耕) 농경지.

種 씨, 종류 종
禾(벼화), 총 14획, 5급
種瓜得瓜 종과득과 : 오이씨를 뿌리면 오이를 거둠. 즉, 원인에 따른 결과가 있음.
種目 종목 : 여러 가지 종류에 따라 나눈 항목.

收 거둘 수
攵(둥글월문), 총 6획, 4급
收入 수입 : 돈이나 물품 따위를 거두어들임. (예) 그녀는 수입(收入)의 절반을 저축한다.
秋收 추수 : 가을에 익은 곡식을 거두어들임.

穫 거둘 확
禾(벼화), 총 19획, 3급
穫稻 확도 : 벼를 거두어들임.
一樹百穫 일수백확 : 나무 한 그루에서 백 가지를 거둠. 즉, 유능한 인재 하나를 얻어 큰 이익을 봄.

가 '쇠 금(金)' 자입니다. 밭에 뿌리는 씨는 '벼 화(禾)'가 부수이고 소리가 나는 종은 '쇠 금(金)'이 부수니까 잊어버리지 않겠지요.

씨를 뿌리고 가꾸었으니 가을에 수확(收穫)해야 합니다. '거둘 수(收)' 자와 '벼 벨 확(穫)' 자입니다. '벼 벨 확(穫)' 자의 부수가 무엇일까요? '벼 화(禾)' 자이지요. 그러니까 벼를 베다는 뜻이 된 겁니다.

賣매 買매 貿무 販판

물건을 사고 팜
그리고
무역하여 장사함

매매무판(賣買貿販)은 모두 같은 부수를 사용하는 글자입니다. 이제 같은 부수 찾는 것 정도는 쉽게 할 수 있겠지요. 모두 '조개 패(貝)' 자를 부수로 사용하는 글자들입니다. 먼저 매매(賣買)를 살펴볼까요? '살 매(買)' 자는 '그릇 명(皿)'과 '조개 패(貝)'입니다. 그릇과 돈을 가지고 물건을 사러간다는 의미입니다. '팔 매(賣)' 자 위에 있는 글자가 지금은 '선비 사(士)' 자이지만 옛날 갑골문에서는 '날 출(出)' 자였습니다. 물건을 팔려고 내놓는다는 것입니다. 위에 사(士) 자가 있으면 판다는 뜻이고 없으면 산다는 뜻입니다.

무(貿)는 바꾼다, 무역(貿易)한다는 뜻입니다. 판(販) 자는 판다는 뜻인데, 장사라는 의미도 있습니다. 조선 시대에는 상업(商業)을 천시했지만 백성들은 상업을 중시해서 여기저기에 많은 시장이 생겼습니다. 대개 5일마다 장(場)이 서기 때문에 이를 오일장(五日場)이라고 부르지요.

운종가(현재의 종로)에 있던 조선 시대 시장(시전)을 그린 풍속화입니다.

賣 팔 매
貝(조개패), 총 15획, 5급
賣出 매출 : 물건을 내다 파는 일.
賣官賣職 매관매직 : 돈이나 재물을 받고 관직을 팖.

買 살 매
貝(조개패), 총 12획, 5급
買入 매입 : 물품 따위를 사들임.
買氣 매기 : 상품을 사려는 분위기.

貿 바꿀, 무역할 무
貝(조개패), 총 12획, 3급
貿易 무역 : ① 팔고 사고 함.
② 외국과 물건을 거래함.
貿販 무판 : 물건을 서로 바꾸어 장사함.

販 팔, 장사 판
貝(조개패), 총 11획, 3급
販賣 판매 : 상품을 파는 행위.
街販 가판 : 길거리에서 판매함.
(예) 그 상품은 가판(街販)이 금지되었다.

紡方 織직 製제 染염

실을 뽑아 옷감을 짬
그리고
만들고 물들임

방(紡)은 길쌈이란 뜻입니다. 길쌈은 실을 내어 옷감을 짜는 일을 말하지요. 그래서 '실 사(糸)'가 부수로 사용된 것입니다. 직(織) 자도 짜다는 뜻인데, 역시 사(糸) 자를 부수로 사용했습니다. 옷감을 짜는 것을 의미하지요. 방직(紡織)에는 두 가지 뜻이 있습니다. 좁게 보면 실을 뽑아서 천을 짜는 것을 말하지만, 넓게 보면 천에 물을 들이는 일까지 모두 통틀어 방직이라고 합니다. 조선 시대에는 16세부터 60세까지 남성들이 군대에 가는 대신에 군포(軍布)를 나라에 바쳐야 했습니다. 그런데 이 군포는 모두 어머니들이 집에서 짜야 했습니다. 그래서 집집마다 어머니들이 밤새 물레를 돌려 포(布)를 짰던 것이지요.

제(製)는 짓는다는 뜻입니다. '옷 의(衣)' 자가 부수니 옷을 짓는다는 뜻이었는데, 그 뜻이 확대되어 만드는 것을 의미하게 되었습니다. 글을 짓는 것을 제술(製述), 약을 짓는 것을 제약(製藥)이라고 하지요. 염(染) 자는 물들인다는 뜻입니다. 옷감을 물들이는 것이 제염(製染)입니다.

길쌈을 할 때 사용하던 물레예요.

紡 길쌈 **방**
糸(실사), 총 10획, 2급
紡績 방적 : 실을 뽑아 피륙을 짬.
毛紡 모방 : 실을 짜고 옷감을 만드는 일.

織 짤 **직**
糸(실사), 총 18획, 4급
織造 직조 : 기계나 베틀 따위로 천을 짜는 일.
毛織 모직 : 동물의 털로 짠 옷감.

製 지을, 만들 **제**
衣(옷의), 총 14획, 4급
製圖 제도 : 기계나 건축물 따위의 도면을 그림.
製品 제품 : 원료를 써서 물건을 만듦.

染 물들 **염**
木(나무목), 총 9획, 3급
染色 염색 : 피륙 따위에 물을 들임.
感染 감염 : 나쁜 버릇이나 풍습, 사상 따위의 영향을 받아 물듦.

財재 貨화 負부 債채

재물
그리고
빚

재화(財貨)는 재물과 돈이라는 뜻입니다. 모두 '조개 패(貝)' 자를 부수로 사용하고 있지요. '재물 재(財)' 자에 '재물 화(貨)' 자입니다. 사람은 누구나 재화, 곧 돈을 좋아합니다. 그러나 우리 속담에 '돈 모아 줄 생각 말고 자식 글 가르치라'는 말이 있습니다. 돈보다 더 귀한 것이 공부라는 의미이지요. 돈은 버는 것도 중요하지만 쓰는 것도 중요합니다. 또한 사람이 돈을 지배해야지, 돈에게 지배당하면 안 됩니다.

부(負) 자는 지다는 뜻입니다. 짐을 지다, 책임을 지다, 빚을 지다는 뜻이지요. 채(債) 자는 빚을 나타냅니다. '사람 인(亻)' 부수에 '꾸짖을 책

(責)' 자가 합쳐진 글자입니다. 사람이 빚을 졌으니 꾸짖음을 당한다는 의미이지요. 부채(負債)는 빚을 지다는 뜻입니다.

우리 속담에 '빚 준 상전이요 빚 쓴 종이라'는 말이 있습니다. 남의 빚을 쓰면 그 사람의 종처럼 살 수밖에 없다는 뜻입니다. 사람이 자력으로 살아야지 조금 어렵다고 빚을 지면 안 되겠지요.

財 재물 재
貝(조개패), 총 10획, 5급
財界 재계 : 대자본을 가진 사업가, 금융업자의 사회.
(예) 그는 재계(財界) 서열 1위다.
文化財 문화재 : 문화 활동에 의해 만들어진 가치나 재산.

貨 재물 화
貝(조개패), 총 11획, 4급
外貨 외화 : 외국의 돈.
百貨店 백화점 : 백 가지 물건을 파는 곳. 여러 상품을 분류하여 파는 현대식 상점.

負 질, 패할 부
貝(조개패), 총 9획, 4급
負擔 부담 : 어떤 의무나 책임을 짐.
勝負 승부 : 이김과 짐.
(비) 승패(勝敗).

債 빚 채
亻(人)(사람인), 총 13획, 3급
債務 채무 : 남에게 빚을 얻어 쓴 사람이 빚을 갚아야 할 의무.
負債 부채 : 남에게 빚을 짐.

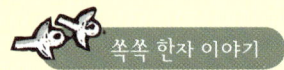

두 번째 이야기

우리나라 사자성어(四字成語)

우리나라 사자성어 중에서 재미있는 것으로 '계란유골(鷄卵有骨)'이 있습니다. 글자 그대로의 뜻은 '계란에도 뼈가 있다'는 뜻이지만 실제로는 '계란이 곯아 있다'는 의미입니다. 조선 세종 때 영의정이었던 황희(黃喜)는 청렴결백해서 가난하게 살았습니다. 세종 임금은 황희 정승을 도와줄 방도를 찾다가 하루 동안 숭례문(崇禮門;남대문)으로 들어오는 물건은 모두 황희 정승에게 주기로 했습니다. 물론 물건 값은 나라에서 대신 치러 주겠다는 것이지요. 그런데 그날은 마침 새벽부터 폭풍우가 몰아쳐 남대문을 드나드는 사람이 아무도 없었습니다. 저녁 부렵에야 한 시골 할아버지가 계란 한 꾸러미를 들고 남대문을 들어섰지요. 그런데 황희 정승이 계란을 가지고 집에 와서 삶아 먹으려고 하니 모두 곯아서 먹을 수가 없었다는 이야기입니다. 되는 일이 없는 것을 뜻하는데, 이 때문에 '복이 없는 사람은 계란에도 뼈가 있다'는 속담이 생겼습니다.

'불사일전(不私一錢)'이란 사자성어가 있습니다. 고려 말의 명신(名臣) 이능간(李凌幹:~1357)과 관련된 고사(故事)입니다. 고려 말에는 원(元) 제국의 간섭 때문에 국왕이 원나라 수도에 가 있는 경우가 많았는데, 이때 신하들도 따라갔습니다. 충선왕도 둘째 아들 충숙왕에게 왕위를 물려주고 원나라에 갔는데, 이때 이능간은 반전별감(盤纏別監)으로 충선왕을 모셨습니다. 그때 다른 신하들은 모두 돈을 벌고 쓰기에 정신이 없었으나, 이능간만은 한 푼도 사사로이 쓰지 않았다는 데서 나온 고사가 불사일전입니다. 공직자의 바람직한 처신을 말해주는 고사성어지요.

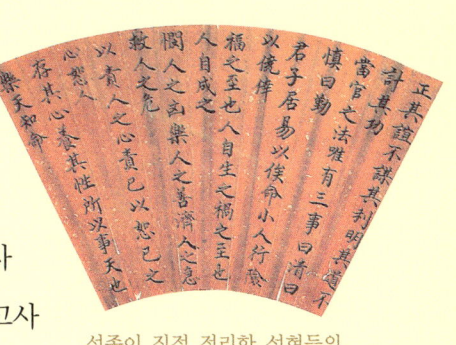

성종이 직접 정리한 성현들의 격언집이에요.

'일삼경연(日三經筵)'이라는 고사도 있습니다. 학문을 좋아해서 호학(好學)의 군주라고 불렸던 조선 성종 임금과 관련이 있는 고사(故事)입니다. 옛날 조선의 임금은 유학(儒學)에 밝은 신하들과 함께 공부를 했습니다. 이를 경연(經筵)이라고 합니다. 조선 성종이 하루에 경연을 세 번씩 열었다는 뜻의 고사가 일삼경연입니다. 아침에 하는 공부를 조강(朝講), 점심 때 하는 공부를 주강(晝講), 저녁 때 하는 공부를 석강(夕講)이라고 합니다. 하루는 날이 무더워서 신하들이 낮에 하는 주강은 폐하고, 저녁 석강 때는 정식 근무복 대신에 편복(便服)을 입으라고 권했습니다. 그러자 성종은 "나는 촌음(寸陰)을 아깝게 생각하는데, 어찌 주강을 중지하겠는가? 그리고 조정 신하들을 어찌 편복 차림으로 만나겠는가!"라며 따르지 않았다고 합니다. 성종이 얼마나 공부를 열심히 하고 신하들에게도 예의를 지켰는지를 알 수 있는 사자성어입니다.

서울시 강남구 삼성동에 있는 선릉이에요. 성종의 묘가 있는 곳이지요.

찾아보기

ㄱ

가歌	94
가嫁	140
간間	44
감甘	62
강降	46
개開	112
거居	108
걸傑	24
겁怯	82
견見	100
경慶	146
경耕	154
고苦	62
고顧	96
고孤	132
고賈	152
곡哭	102
관觀	96
광光	68
광狂	84
군群	132
귀貴	122
근謹	86
근勤	88
금今	38
기期	38
기起	108
길吉	20

ㄴ

남南	40
내內	48
노老	126
농農	152

ㄷ

대對	150
도蹈	94
독毒	84
독獨	132
동冬	30
동東	40
등登	46

ㄹ

락樂	76
래來	52
량良	16
량凉	34
로努	76
록綠	60
리裏	48
립立	106

ㅁ

만晩	32
망望	96
매埋	144
매賣	156
매買	156
맹盟	148
면勉	88

목睦	16		ㅅ		수愁	80
목沐	150				수收	154
무舞	94	사死	120	숙淑	88
무貿	156	사邪	124	시是	18
문聞	100	사祀	144	시時	32
물物	74	산酸	62	시視	64
		산産	142	식息	130
		상上	44	신信	14
	ㅂ	색色	64	신辛	62
		생生	120		
방芳	66	서暑	34		ㅇ
방紡	158	서西	40		
백白	58	석夕	36	아我	118
별別	134	선善	18	악惡	18
병病	110	선先	22	앙仰	46
복伏	106	성聖	22	애哀	76
복福	120	성聲	64	애愛	78
봉逢	134	성性	74	야夜	36
부富	20	성省	96	약約	148
부俯	46	세歲	32	어漁	152
부負	160	소所	50	엄嚴	86
북北	40	소素	58	여汝	118
비非	18	소笑	102	염染	158
비悲	78	소少	126	영英	24
비卑	122	송送	134	영影	68
빈貧	20				

영迎	134	이離	128	조朝	36
예禮	12	익翌	38	조弔	146
오吾	118	인仁	12	존尊	122
온溫	34	인人	74	종從	128
와臥	106	인姻	140	종種	154
왕往	52	입入	112	좌左	42
외外	48	잉孕	142	좌坐	106
욕浴	150			주晝	36
용勇	82	**ㅈ**		중中	44
우右	42			중衆	132
우愚	124	자慈	16	증憎	78
우遇	148	작昨	38	증症	110
웅雄	24	장壯	126	지智	12
원怨	80	장葬	144	지止	52
월越	104	장匠	152	직織	158
위違	128	재財	160	진進	108
위慰	146	쟁爭	82	질疾	110
유裕	86	전前	42		
유幼	126	정情	74	**ㅊ**	
육育	142	정貞	88		
은恩	80	정正	124	차此	50
음音	66	제悌	14	찰察	100
응應	150	제祭	144	창唱	94
의義	12	제製	158	채彩	68
이爾	118	조早	32	채債	160

퇴退	108	
투鬪	82	
투投	104	

ㅊ

처處	50	
척擲	104	
천賤	122	
철哲	22	
청靑	60	
청聽	64	
초超	104	
총聰	100	
추秋	30	
춘春	30	
출出	112	
충忠	14	
취娶	140	

ㅌ

탄呑	98	
탄歎	102	
탈脫	130	
태胎	142	
토吐	98	
통痛	110	

ㅍ

판販	156	
폐閉	112	
폭暴	84	
표表	48	
피彼	50	

ㅎ

하夏	30	
하下	44	
하賀	146	
한寒	34	
한恨	80	
합合	128	
해解	130	
행行	52	
향響	66	
향香	66	
허噓	98	
현賢	22	

현玄	58	
형形	68	
혜慧	124	
호豪	24	
혹酷	84	
혼婚	140	
홍紅	60	
홍弘	86	
화和	16	
화禍	120	
화貨	160	
확穫	154	
환歡	78	
황黃	60	
회會	148	
효孝	14	
후後	42	
휴休	130	
흉凶	20	
흑黑	58	
흡吸	98	
희喜	76	
희戲	102	

자료제공

22 공자의 초상 – 연합뉴스 | 22 죽간에 쓴 논어 – 연합뉴스 | 26 주교요지와 십자가 – 연합뉴스 | 33 밀레의 '만종' – 토픽포토 | 38 자격루 – 포인스 | 39 앙부일구 – 포인스 | 41 청룡 · 백호 · 주작 · 현무 – 조선유물유적도감 | 43 경복궁 근정전 – 포인스 | 43 품계석 – 포인스 | 47 경복궁 앞 육조거리 – 서울대학교 규장각 | 63 오미자 – 토픽포토 | 70 어보 – 연합뉴스 | 70 영조의 수덕진편 – 연합뉴스 | 71 태조 이성계 어진 – 연합뉴스 | 79 2006 월드컵 토고전 응원 – 연합뉴스 | 87 참성단 – 두산엔사이버 | 89 열녀문 – 포인스 | 90 동헌 – 포인스 | 94 무용총 벽화 – 조선유적유물도감 | 102 양주별산대놀이 – 포인스 | 103 원각사 공연 (모형) – 포인스 | 105 고구려 철기병 (복원도) – 권문성 | 109 고택 – 포인스 | 114 조선왕조실록 오대산본 – 연합뉴스 | 115 오대산 사고 – 연합뉴스 | 119 독립선언서 – 연합뉴스 | 123 고구려 안악3호분 벽화 – 조선유적유물도감 | 124 배론 성지 – 포인스 | 124 황사영 백서 – 연합뉴스 | 128 이별화 – 연합뉴스 | 151 신윤복의 '단오' – 토픽 포토 | 163 선릉 – 포인스 | 163 성종의 격언집 – 연합뉴스

* 웅진주니어는 이 책에 실린 모든 자료의 출처를 찾기 위해 최선을 다했습니다. 누락이나 착오가 있으면 다음 쇄에 꼭 수정하겠습니다.